PERSPECTIVAS DE LA ARQUITECTURA DESDE LAS HUMANIDADES I

COLECCIÓN

ARQUITECTURA Y HUMANIDADES

MARÍA ELENA HERNÁNDEZ ÁLVAREZ

COMPILADORA

Primera edición 2014

Directorio

Dra. en Arq. María Elena Hernández Álvarez
Directora

Mtra. en Arq. Patricia Barroso Arias
Coordinación de Contenido Editorial
Versión impresa y versión digital en: www.architecthum.edu.mx
Colaboración:
Arq. Milena Quintanilla Carranza

Mtro. en Arq. Federico Martínez Reyes
Coordinación Editorial
Colaboración:
Cynthia Sugey Acosta Ibarra
Diego Bonilla Bastida
Alicia Guadalupe Wong Hernández
Roberto Israel Peña Guerrero

Mtro. Guillermo Samperio/Rodrigo de Sahagún
Fundación Cultural Samperio, A.C.
Revisión ortotipográfica y de estilo

Ilustración de portada:
Federico Martínez Reyes

Queda prohibida la reproducción total o parcial de esta obra incluido el diseño tipográfico y de portada sea cual fuere el medio, electrónico o mecánico, sin el consentimiento por escrito del editor.

El contenido, la selección del material escrito, su organización y la redacción de los artículos, son responsabilidad absoluta de sus autores, quienes han cedido de manera no exclusiva sus derechos de autor a esta edición.

©ARCHITECTHUM PLUS S.C.
Díaz de León 122-2
Aguascalientes, Aguascalientes
México CP 20000
libros@architecthum.edu.mx

ISBN 9786079137168

Presentación

La construcción de la Teoría de la Arquitectura, que es el sustento de todo diseño arquitectónico, implica un complejo proceso reflexivo y crítico mediante el cual se verifica a distancia y en profundidad la enseñanza y la praxis del oficio de ser arquitecto. Si la Arquitectura, es decir, lo habitable, le concierne a todo ser humano, las premisas de ella misma sólo pueden concebirse de manera transdisciplinaria sustentándose en todos los campos del conocimiento porque, además, es a todos ellos a quien va destinado su servicio.

Asimismo, las manifestaciones del humanismo están asociadas a la conciencia social del hombre y a sus circunstancias existenciales en el mundo, de tal suerte que se deben ir generando consideraciones ontológicas y epistémicas en el plano formativo y profesional para el arquitecto. Por ello, asumir una formación humanista desde sus más altos y nobles ideales, constituye una necesidad cada vez más apremiante en el mundo de hoy; y es esto lo que nos transmite una imagen del arquitecto como persona que piensa, que crea y que produce una arquitectura orientada hacia el bien común.

Actualmente, gracias a esfuerzos de profesores e investigadores de nuestro Programa Académico, como la Dra. María Elena Hernández y de su grupo de colaboradores, proyectos editoriales como esta *Colección Arquitectura y Humanidades,* hacen posible pensar en una Teoría de la Arquitectura impresa con un sello particular en donde el proceso de enseñanza aprendizaje no se concibe ya como un proceso educativo centrado únicamente en la adquisición de conocimientos y habilidades, sino como un compromiso reflexivo y crítico que reclama un cambio de orientación dirigido a la búsqueda de nuevos nexos y relaciones disciplinares, particularmente aquí con las Humanidades.

Así, validando este enfoque transdisciplinar, se escriben y difunden en este proyecto editorial, *Colección Arquitectura y Humanidades,* ideas artísticas, científicas, éticas, filosóficas, poéticas e históricas, que provienen de numerosas visiones del mundo arquitectónico, sustentadas en ideologías, teorías y posturas que están en correspondencia con las exigencias del mundo contemporáneo.

Es esencial que nuestra Facultad de Arquitectura sea parte de las instituciones educativas que contribuyen a la formación de arquitectos conscientes y reflexivos para que esto nos permita, no solamente vivir en el mundo actual, sino además, transformarlo de manera transdisciplinaria para la sustentabilidad y sostenibilidad que el futuro nos demanda.

Así, la Colección Arquitectura y Humanidades nos convoca a la reflexión filosófica que comprende a la arquitectura desde su núcleo, el hombre, y al arquitecto como el profesional dotado de razón, de conocimiento y de capacidad para construir, pensar y diseñar lugares de verdadera calidad habitable.

Sabemos que este proyecto editorial queda establecido para ser puerta abierta permanente a las colaboraciones de quienes consideren el trabajo transdisciplinario como una fuente necesaria para validar, hoy más que nunca, las pautas de diseño de los espacios que los seres humanos habitamos.

Mtro. en Arq. Alejandro Cabeza Pérez
Coordinador del Programa de Maestría y Doctorado en Arquitectura
Facultad de Arquitectura
Universidad Nacional Autónoma de México
Diciembre de 2014

La *Colección Arquitectura y Humanidades*, tiene el objetivo de fortalecer los lazos entre ambos campos de conocimiento, ya que uno sin el otro no podrían concebirse. Si comprendemos que, tanto la Arquitectura como las Humanidades conciernen a todo ser humano, es por ello que este proyecto centra su propósito en compartir los esfuerzos de muchas personas por enriquecer los encuentros transdisciplinarios que coadyuvan al compromiso con la calidad de las pautas de diseño de los espacios que habitamos los seres humanos.

En este proyecto editorial presentamos numerosos trabajos de exalumnos y profesores del Seminario y Taller de Investigación *Arquitectura y Humanidades* fundado en 1997 en el Programa de Maestría y Doctorado en Arquitectura de la Universidad Nacional Autónoma de México. A partir de ese año, esta *Colección Arquitectura y Humanidades*, tanto en sus versiones digitales como en la impresa, también se ha visto enriquecida de manera significativa con la generosa colaboración de muchos académicos y profesionales de diversas instancias y países.

Los números de este proyecto editorial se presentan organizados en temáticas generales abiertas para multiplicarse secuencialmente. Los artículos en cada número dan a conocer importantes reflexiones teóricas cuyo interés primordial es contribuir a la formación de investigadores y de docentes, así como el promover la generación y divulgación del conocimiento y la cultura arquitectónica y humanística.

Inaugura la lista de autores el Dr. Jesús Aguirre Cárdenas, quien, además de contribuir con un importante ensayo sobre el tema central de esta Colección, ha otorgado en todo momento su apoyo al proyecto académico *Arquitectura y Humanidades*. Expreso aquí mi profunda gratitud y admiración al Dr. Jesús Aguirre Cárdenas por su confianza a esta propuesta académica editorial y, sobre todo, por su inigualable ejemplo humano a seguir; él siempre abriendo caminos.

Por mi conducto, todos los autores que participamos en esta Colección expresamos nuestra gratitud a las autoridades de la Facultad de Arquitectura de la Universidad Nacional Autónoma de México, especialmente a su Director el Arquitecto Marcos Mazari Hiriart, al Maestro en Arquitectura Alejandro Cabeza Pérez, Coordinador del Programa de Maestría y Doctorado en Arquitectura y al Maestro en Arquitectura Salvador Lizárraga, Coordinador editorial de la Facultad de Arquitectura, por el reconocimiento que otorgan a la trayectoria de los autores que participan en esta *Colección Arquitectura y Humanidades*, así como a la calidad de los ensayos que en ella se presentan.

Finalmente, mi especial reconocimiento a la Maestra en Arquitectura Patricia Barroso Arias y al Maestro en Arquitectura Federico Martínez y a sus colaboradores por las incontables horas de entrega, creatividad, compromiso, liderazgo y confianza a este proyecto editorial.

María Elena Hernández Álvarez
México, Distrito Federal , diciembre de 2014

Volumen 1

PERSPECTIVAS DE LA ARQUITECTURA DESDE LAS HUMANIDADES I

5 | Prólogo
MARÍA ELENA HERNÁNDEZ ÁLVAREZ

12 | Introducción
PATRICIA BARROSO ARIAS

16 | Arquitectura y Humanidades
La Arquitectura prototipo de interdisciplinariedad
JESÚS AGUIRRE CÁRDENAS

24 | La Arquitectura del silencio
Una reflexión ontológica del hábitat
CARLOS ALBERTO ARTUSA

38 | Las Humanidades en la expresión arquitectónica
PATRICIA BARROSO ARIAS

46 | Habitarse a sí mismo:
una reflexión sobre el sentido humanístico de la arquitectura
DAVID CALDERÓN MARTIN DEL CAMPO

54 | Perspectivas fragmentadas de Rochenko
EFI CUBERO

La Arquitectura Indispensable para el hombre
EDGAR FRANCO FLORES 60

La Arquitectura desde las Humanidades: Reflexiones en torno al espacio escultórico de la Ciudad Universitaria
SOFÍA CONSTANZA FREGOSO LOMAS 86

"Marginalidad" como espacio teórico de construcción del imaginario. Ejemplos urbano arquitectónicos mexicanos en el umbral del siglo XXI
MARÍA ELENA HERNÁNDEZ ÁLVAREZ 110

La tarea de los Arquitectos: El proyecto de Arquitectura, entre imaginar y construir
CARLOS MARCELO HERRERA 122

El susurro de la Arquitectura
FEDERICO MARTÍNEZ REYES 134

El Tao en la Arquitectura
MIGUEL ÁNGEL OROZCO MEDINA 140

Que los arquitectos sean poetas
GABRIELA SÁNCHEZ SERRANO 150

Sobre los autores 160

Introducción

PATRICIA BARROSO ARIAS

Comprender a la Arquitectura como partícipe de las Humanidades nos implica incidir en su práctica y en su teoría, las Humanidades entendidas como un conjunto de disciplinas conforman un sistema del conocimiento humano, son un mosaico que nos brinda diversas pautas discernibles para revelarnos una mirada más cercana a las áreas que estudian al ser humano en vinculación con sus creaciones, producciones, expresiones y experiencias. Este sistema de disciplinas genera un conjunto de conexiones interdisciplinares, mediante las cuales, descubrimos a las ciencias humanas y sociales implicadas en la elaboración de los fundamentos que detonan un hecho arquitectónico. Esto nos invita a descubrir un trasfondo que abre diversos campos de investigación, de los cuales podemos partir, para generar cuerpos de conocimiento e indagar en las diversas cuestiones que pueden plantearse si queremos traspasar la apariencia de las cosas para ir más allá del alcance de la razón y de la experiencia de cualquier práctica, porque al entrar en contacto con éstas, nos muestran un sistema de conocimiento que va hacia el universo de las cosas, su naturaleza, su constitución interna y su origen.

Las Humanidades pueden ayudarnos a estudiar el sentido ontológico de la obra arquitectónica y nos guían en el análisis de sus características y de su realidad material o inmaterial, tangible o intangible; esto es, nos permiten investigar cómo se generan los cambios expresivos que constituyen a la obra y nos dan acceso a sus condiciones culturales y sociales enmarcadas en su tiempo, bajo las cuales emergen. Estudiar su causalidad y existencia física nos lleva en diversas ocasiones a preguntarnos ¿cuál es el estatus ontológico de los objetos arquitectónicos? ¿Cómo podemos pensar lo arquitectónico y describir su producto? Si su entendimiento está sometido a diversas categorías y se le califica como obra de arte o como objeto de representación cuyo carácter es formal. Cuando pensamos en lo que domina a su expresión y reflexionamos en cómo relacionamos a una obra con sus contenidos, con las condiciones formales del pasado y con la historia que de ésta emerge, podemos preguntarnos ¿cuáles son las huellas que nos dejan las obras construidas y habitadas? ¿Qué voluntades se unieron para detonarlas y bajo qué condiciones? Si nos fijamos en esta parte ontológica de la Arquitectura podremos contemplar y estudiar las circunstancias en las que se da o existe la obra y podremos examinar por qué existen y para qué.

Por otro lado, al vincular el enfoque epistemológico al estudio de las Humanidades, se puede comprender bajo qué ideas se conciben las obras arquitectónicas y cuáles son los constructos teóricos y filosóficos que les dan origen, concentrándose en todo aquello que motiva su concepción y su procedencia para descubrir los principios que las detonan, ya sean desde las Ciencias, las Artes y las Humanidades. La fundación de una obra parte de su esencia, de esta reflexión epistemológica que nos lleva a plantear diversas premisas que cimientan nuestra disciplina desde otras bases diferentes al utilitarismo, al consumismo exacerbado o al mercado del objeto desechable y nos arroja a la profundidad de la misma concepción de la Arquitectura.

El sentido humanístico de la Arquitectura nos encuentra con la teoría de los valores interculturales, bajo los que se concibe lo arquitectónico y nos enfrenta a esta dialéctica entre lo absoluto y lo relativo, lo objetivo y lo subjetivo, lo cognitivo y lo emotivo de nuestro hacer. Asimismo, nos lleva a cuestionar el sentido axiológico de la Arquitectura y saber en dónde se sostiene su formulación ante diversos contextos; y si hablamos de valores inscritos en nuestro hacer cotidiano y reflexionamos en lo que implica diseñar, concebir, idear, imaginar o pensar en la obra y en su forma, entonces se entiende que diseñamos no sólo para lucir la geometría del objeto y anunciar un sello protagónico de la firma que la genera, sino para profundizar en la manera en cómo pensamos lo arquitectónico y cómo podemos revelar los diversos enfoques desde los cuales lo definimos en relación al ser humano que habitará los objetos que producimos y que nombramos como "arquitectónicos".

16

Arquitectura y Humanidades
La arquitectura prototipo de interdisciplinariedad

JESÚS AGUIRRE CÁRDENAS

La Arquitectura se presenta como modelo, como prototipo de interdisciplinariedad de las tres áreas del conocimiento: Humanidades, Artes y Ciencias. Si analizamos las diversas consideraciones que se han hecho en cuanto a la ubicación de la arquitectura dentro de las tres grandes áreas del saber, en ocasiones, las encontramos según las épocas, dentro de la humanística o bien como una de las Bellas Artes y también como ciencia por el uso importante de la tecnología. Esta situación ha sido oscilante, pasando por cada una y regresando según los ambientes culturales, dependiendo esto de influencias ideológicas.

Si se le ha considerado en cada una de estas áreas, es lógicamente, porque participa de las tres y todo depende de a cuál se le quiere o se le debe dar mayor importancia. Afirmamos que el vínculo es de interdisciplinariedad y no de multidisciplina, la razón para tomar este concepto es la siguiente: en el año de 1970 en la Universidad de Niza en Francia, se celebró un seminario sobre la Interdisciplinariedad de las universidades, organizado por el Centro para la Investigación e Innovación de la Enseñanza (CERI) y el Ministerio Francés de Educación, el tema básico de esta reunión fue el dejar definida la "interdisciplina". El resultado fue publicado en el libro *"Interdisciplinariedad, problemas de la enseñanza y de la investigación en las universidades"*, coordinado por Leo Apostel (ANUIES-1975). Aun cuando se presentan varias definiciones más o menos complicadas por intervenir en especulaciones sobre diversas clases de disciplinariedad, la expresión más sencilla y representativa es la siguiente: "Interdisciplinario quiere decir integración de los métodos y los conceptos en las disciplinas (...) Se refiere tanto a las estructuras de las instituciones, como al contenido de los programas de estudios y los de investigación" (Aguirre Cárdenas Jesús, "La Arquitectura: prototipo de interdisciplina,

Humanidades, Artes y Ciencias", Conferencia Magistral, Primer Encuentro entre las Humanidades y las Artes, México: UNAM, 1998).

Para la aplicación de esto, entendamos como disciplina una ciencia en tanto que se enseñe o se trate con ella en un plan universitario y que, como toda ciencia estará estructurada en íntima relación con sus objetivos, sus métodos y sus leyes. De acuerdo con estas condiciones, habrá interdisciplina cuando entre dos o más disciplinas hay interacción, de tal manera que se complementan, auxilian o integran en forma total o parcial en sus objetivos, métodos y leyes, así las disciplinas podrán intervenir en forma básica o más o menos auxiliar para producir un nuevo conocimiento transdisciplinar.

Por lo que se refiere al carácter disciplinario de la Arquitectura, recordemos lo siguiente: "Es la Arquitectura una ciencia que debe ir acompañada de otros muchos conocimientos y estudios, merced a los cuales juzga de las obras de todas las artes que con ella se relacionan. Esta ciencia se adquiere por la práctica y por la teoría" (Aguirre, 1998). De esta manera comienza el primer libro del famoso arquitecto romano Marco Lucio Vitruvio Polión en su escrito de hace veinte siglos *"Los Diez Libros de Arquitectura"* donde señala como necesario para quien quiera llamarse arquitecto, "estudiar Gramática; tener aptitudes para el Dibujo; conocer la Geometría; no estar ayuno de óptica; ser instruido en Aritmética y versado en Historia; haber oído con aprovechamiento a los filósofos; tener conocimientos de Música; no ignorar la Medicina, unir los conocimientos de la Jurisprudencia a los de la Astrología y movimientos de los astros" y a continuación justifica cada una de estas afirmaciones; por ejemplo, de la Medicina dice que sin su conocimiento, "no es posible construir edificios sanos" (Aguirre, 1998). Por lo tanto, podemos decir que en la Arquitectura desde siempre se ha especulado en relación con su aspecto interdisciplinario y para poder analizar su aspecto humanístico iniciamos con una reflexión sobre el propio concepto, Humanístico es lo que se refiere al Humanismo, según Martín Heidegger "el Humanismo consiste en reflexionar y velar porque el hombre sea humano y no inhumano o "bárbaro", es decir, fuera de su esencia" (Aguirre, 1998).

Por su parte la Dra. Juliana González en un libro recientemente publicado dice que el Humanismo es un "procurar la humanidad" del hombre humano, el origen latino de esta expresión es "humanitas" que se refiere al género humano y esto es al hombre como especie considerando sus caracteres mentales y sociales. La equivalencia en griego es la palabra *"Paideia"*. Santo Tomás, con base en Aristóteles decía: "Humanidad significa los principios esenciales de la especie, tanto formales como materiales, prescindiendo de los individuales. Pues se dice humanidad en cuanto que alguien es hombre (ser humano), y el hombre es alguien, no por sus principios individuales sino sólo porque tiene los principios esenciales de la especie" (Aguirre, 1998). Ahora bien, el término Humanismo, considera al hombre como un ser formado de alma y cuerpo y destinado a vivir en el mundo y dominarlo; hay que entender que este dominio del mundo, según veremos posteriormente, es el que se hace por medio de la ciencia, la época del Renacimiento se caracterizó por el reconocimiento del valor del hombre en su plenitud y el intento de entenderlo en su mundo, que es el de la naturaleza y de la Historia. Nuevamente, aquí, la naturaleza es la base del conocimiento de la ciencia, por eso es necesario observar que en este análisis vamos ligando humanismo y ciencia.

Por tanto, lo humanístico es todo producto del espíritu del hombre, de la mente del hombre, es todo conocimiento que se dirige para beneficio del ser humano tomado espiritualmente como objeto de estudio, y que contempla al hombre como representativo de una sociedad o de una comunidad. Así, el hombre es a la vez sujeto y objeto del estudio, es el que estudia y al que se le estudia como un ser social; el hombre es a la vez el benefactor y el beneficiario. Es el que da el conocimiento y al mismo tiempo el que lo recibe para su beneficio, es toda acción para la superación del hombre en forma integral. Y Humanismo es la tendencia a alcanzar o ser el hombre ideal, por lo tanto el objeto de estudio de las Humanidades no es un objeto, no es el hombre en su condición de objeto, en la Medicina el hombre si está en su condición de objeto para su estudio, en las Humanidades está en su condición de sujeto, es decir, en la de ser pensante y ser actuante.

Aplicando lo anterior a la Arquitectura, examinemos el aspecto ontológico de ésta, la esencia de lo arquitectónico es ser satisfactor del ser humano, las soluciones de los problemas de la Arquitectura están definidas por las características del hombre, desde esta concepción de hombre espíritu y materia. *José Villagrán García*, el gran teórico mexicano de la arquitectura decía que las formas de arquitectura, poseen cuatro dimensiones correlativas a las del hombre: la dimensión física, la dimensión biológica, la psicológica y la del espíritu o de la cultura, por lo cual la esencia de la arquitectura está en "construir espacios habitables por el hombre contemplado en su compleja integridad sustancial". En esta compleja integridad quedan incluidas las dimensiones mencionadas del ser humano (Aguirre, 1998), o en forma más sintética decía que "arquitectura es arte de construir la morada integralmente humana" (Aguirre, 1998). De esta manera, las soluciones se piensan en beneficio del hombre, considerando todas sus características espirituales y físicas, individual y colectivamente o sea en cuanto a ser social.

Por otro lado, desde siempre el hombre en cuanto especie humana ha tenido necesidad de un espacio arquitectónico y éste se integra a un espacio urbano. La Arquitectura, en estas condiciones, es aportación cultural, define épocas y costumbres, por eso en las acciones arquitectónicas hay responsabilidad histórica, en todos los géneros de edificios debe haber significación de valor histórico, desde el más sencillo como un monumento, que es una expresión material con significado valorativo puramente espiritual, hasta la arquitectura más compleja como solución social y como parte de un conjunto urbano. Cuando esto se satisface plenamente se atestigua clasificándolo como "Patrimonio Histórico de la Humanidad", en este sentido, la arquitectura como satisfactor integralmente humano, auténticamente humano, es parte de las Humanidades.

Tratemos ahora brevemente la idea de belleza en la arquitectura. El hombre en cuanto a su naturaleza espiritual aspira hacia lo bello; aun cuando la belleza como concepto, es un valor universal, su aplicación puede tener características demasiado subjetivas. Belleza y verdad, son valores claramente sensibles que consideramos forman parte del concepto arquitectura, por una razón, en arquitectura lo bello es verdadero y lo verdadero es bello y esa integración constituye el valor estético de la Arquitectura. Tomando en cuenta que el concepto original de arte, según Platón, es "Todo conjunto de reglas idóneas para dirigir una actividad cualquiera" y que aún se sigue aplicando para ciertos conceptos, aquí, estamos relacionando estrechamente arte con belleza. El Arte como producto de la actividad espiritual del hombre y para el hombre, es manifestación cultural dependiente también de épocas y lugares, la expresión sensible del arte, es la belleza como valor, como lo digno de selección ante la sensibilidad visual-espiritual del ser humano. Dice Julien Guadet, teórico francés de la arquitectura, que "lo bello es el esplendor de la Verdad, el Arte es el medio dado al hombre para producir lo bello; el Arte es, pues, la persecución de lo bello en lo Verdadero y por lo Verdadero" (Aguirre, 1998).

El ser humano pasa muy alto porcentaje de su vida en el espacio creado por la arquitectura, su aspiración, como ya se mencionó, es que esos espacios satisfagan integralmente sus necesidades, tanto materiales como espirituales, en donde la belleza en la arquitectura, debe ser respuesta a su sensibilidad de estética. Arquitectura bella, estética, con soluciones artísticas, se transforman en tranquilidad espiritual, en descanso, en verdad, en pertenencia, en identidad.

No es deseable una solución arquitectónica antiestética, ya que lo estético y lo artístico en la arquitectura significan una solución de aspiraciones humanas, esta combinación de humanismo y arte en la arquitectura dan solución a necesidades integrales del usuario. Finalmente, a estas dos nociones se suma el aspecto científico, y nos preguntamos ¿cómo se relacionan arquitectura y ciencia y cuál es la vinculación de ésta con humanidades y las artes? La Arquitectura es realización, la realización es construcción; se construye con técnicas y la tecnología es consecuencia de la ciencia. Ahora bien, un proyecto arquitectónico debe ser integralmente construible, el fin de un diseño arquitectónico debe ser la construcción del edificio, ésta se prevé desde la conceptualización que genera el arquitecto de la obra. Es verdad que todos los conocimientos tecnológicos que se utilizan en la profesión tienen como fin último la construcción, pero no todos esos conocimientos son en sí precisamente construcción, son medios o instrumentos que participan en procesos para llegar al objetivo final: la realización arquitectónica. Pero si, toda la tecnología que participa en el desarrollo, es consecuencia de la ciencia, para esto, la ciencia es exclusivamente el pensar previo para hacer y la técnica es hacer lo pensado. Algunas ciencias tienen una intervención más directa y de trascendencia como es el caso de la geofísica, hidrología, mecánica de suelos, para la arquitectura de la Ciudad de México, por ejemplo, en la solución de los problemas de los sismos y las cimentaciones. Por lo tanto, por medio de la ciencia y su tecnología se hace realidad esa solución arquitectónica, ese espacio habitable como satisfactor integralmente humano con todas las características, físicas y espirituales del usuario.

Bibliografía
Aguirre Cárdenas, Jesús, "La Arquitectura en América Latina", historia de la Conferencia Latinoamericana de Escuelas y Facultades de Arquitectura, México: UDUAL, 1996.
_____, "La Arquitectura: prototipo de interdisciplina, Humanidades, Artes y Ciencias", Conferencia Magistral para el Primer Encuentro entre las Humanidades y las Artes, México: UNAM, 1998.

La arquitectura del silencio
Una reflexión ontológica del hábitat

CARLOS ALBERTO ARTUSA

La construcción moderna esta ahora tan condicionada universalmente por el perfeccionamiento de la tecnología, que la posibilidad de crear formas significativas se ha hecho en extremo limitada. [1]

Resulta evidente que los hilos que mueven y movieron a la arquitectura en los últimos tiempos está planteado por la dicotomía entre alta tecnología generada tan sólo por la producción en sí misma, y lo que Frampton denomina fachada compensatoria, un maquillaje para la comercialización y el mantenimiento del control social. En este caso, planteo el término dicotomía, por la idea de una desproporcionalidad del control general sobre las formas y la significación de la obra arquitectónica, esto plantea lo que Umberto Eco había empezado a tratar en su libro *"La estructura ausente"*, donde nos dice "que el objeto arquitectónico puede denotar la función o connotar otras cosas (...) desde esta perspectiva, la calificación de "función" se extiende a todas las finalidades comunicativas de un objeto, dado que en la vida asociativa las connotaciones "simbólicas" del objeto útil no son menos útiles que sus detonaciones funcionales. Resulta evidente que las connotaciones simbólicas se consideran funcionales no solamente en sentido metafórico, sino también porque comunican una utilidad social del objeto que no se identifica inmediatamente con la función en sentido estricto" [2]. Un ejemplo de esto puede ser el edificio construido por Renzo Piano y R. Rogers el Pompidou de París (1977), un alarde de alta tecnología que recuerdan más a las refinerías, alejado quizás de la función para la cual se llevó a cabo, debiéndose construir superficies suficientes para la exposición de las obras. Es el planteo que hace Eco en cuanto a los conceptos de lo "connotado" y "denotado". "Existen en el transcurso del tiempo oscilaciones de los objetos en cuanto a sus funciones primarias (la que se denota) y funciones secundarias (las que connotan) (...) este juego de oscilaciones entre estructuras y acontecimientos, entre configuraciones físicamente estables y el juego variable de los acontecimientos que les confieren significados nuevos. El fenómeno que denominamos consumo de las formas, olvido de sus valores estéticos, se basa en este mecanismo" [3].

Y continúa diciendo: "En cambio hoy, la dinámica constante del descubrimiento y de la revitalización se produce en superficies y no llega a alterar el sistema cultural de base; por ello, la carrera de descubrimientos se configura como una simple retórica convencionalizada que de hecho nos remite siempre a la ideología estable del mercado libre de valores pasados y presentes. Nuestra época no es solamente la época del olvido, es la época de la recuperación; pero la recuperación, en un movimiento de sístole y diástole de recuperación y de repudio, no revoluciona las bases de nuestra cultura" [4]. De ninguna manera pretendo criticar la obra o el uso de la alta tecnología, sino, por el contrario debe existir una definición contundente con respecto al fin de la arquitectura, que debe ser el hombre; "no fue hecho el hombre para el sábado, sino el sábado para el hombre" dice el *Evangelio*, a lo que nosotros decimos que la arquitectura debe estar siempre al servicio del hombre, y el correcto funcionamiento para ser utilizado por el hombre.

Pero no abogamos solamente por una reduccionismo funcionalista, ya esta crítica era expresada por los hermanos Smithson y Aldo van Eyck, en la IX CIAM, en 1953, donde se produce el cisma que llevaría a la creación de Team X. En esa ocasión se cuestionaban las cuatro categorías funcionalistas de Le Corbusier: vivienda, trabajo, diversión y circulación. Se planteaban la idea de identidad "la pertenencia es una necesidad emocional básica" la idea de lugar encabezada por van Eyck y la idea de "una forma de lugar". Atacando la abstracción alienante de la arquitectura moderna en sus mismas raíces, incorporando conceptos antropológicos. En 1959 decían que el ser humano es en esencia el mismo siempre y en todo lugar, tiene la misma capacidad mental aunque la use de manera diferente según su origen social y cultural, y según el particular modo de vida del que resulte formar parte. Los arquitectos modernos han insistido continuamente en lo distinta que es nuestra época hasta el punto de que incluso ellos han perdido el contacto con lo que no es distinto, con lo que es siempre esencialmente igual. Se trata en ese momento y ahora de lidiar con esa transición simbólica entre interior-exterior, casa-ciudad, sistema universal-regionalismo. Van Eyck describía esta coyuntura como un vacío cultural dejado por la pérdida de lo vernáculo. Es aquí donde entra la idea del regionalismo crítico, de culturas regionales o nacionales que deben constituirse, como manifestaciones localmente conjugadas de la cultura mundial.

La arquitectura es siempre un promotor de estímulos, se reconoce en el estímulo la posibilidad de realizar la función, de esta manera la función denotada, puede a la vez connotar un referente simbólico. "El objeto arquitectónico -nos dice Eco- no es en modo alguno un estímulo preparatorio que sustituye a un objeto estimulante, a falta de éste, sino que es pura y simplemente el objeto estimulante. Sin por eso dejar de lado la diferencia entre *seniosi* y *astanza*, según la cual existen realidades estéticas que no se puede reducir a la significación y se han de considerar según su presencia" [5]. "No se pueden establecer momentos de información intensa si no se apoyan en bandas de redundancias; en caso contrario, el objeto arquitectónico ya no es objeto funcional y se convierte en obra de arte, es decir, en forma ambigua que puede ser interpretada a la luz de códigos distintos" [6]. En sí, la vanguardia de principios de siglo fue el último intento de acoplarse de manera armónica, tanto sociológica como antropológicamente, aunque también artísticamente de manera preponderante, es pues la emergencia de la vanguardia inseparable de la modernización tanto de la arquitectura como de la sociedad y esta manera podemos decir que la intención del movimiento moderno fue un momento de necesidad de la sociedad, pero nunca quiso ser un recetario absoluto de la arquitectura, sería equivocado pensar en un concepto de totalidad acabada, como dice Marc Augé "las culturas "trabajan" como la madera verde y no constituyen nunca totalidades acabadas (por razones intrínsecas y extrínsecas); y los individuos, por simples que se los imagine, no lo son nunca lo bastante como para no situarse con respecto al orden que les asigna un lugar: no expresan la totalidad sino bajo un cierto ángulo" [7].

De ser estandarte de una *intelligentzia* defensiva, de una intelectualidad comprometida, las artes y la arquitectura han seguido un proceso de caída helicoidal, hacia el pasatiempo o como dice Frampton "hacia la mercancía". Distintos movimientos y arquitectos fueron adhiriendo a la idea de asimilación y reinterpretacion, como Jørn Utzon, sobre todo en la iglesia de Bagsvaerd, combinando el modular prefabricado del exterior y las bóvedas de hormigón *in situ*, la aplicación de una normativa internacional y la creación en un emplazamiento singular. Adosado a eso nos encontramos con la intencionalidad de la revitalización de formas olvidadas reinterpretadas y la secularización de la significación de las formas utilizadas. Otro ejemplo puede ser el Grupo R, fundado por Sostre y Bohigas, que en sus definiciones confirmaron que la verdadera cultura moderna es un híbrido, de universalidad y regionalismo, un ejemplo son las viviendas en el paseo de Bonanova en Barcelona de 1973, otro ejemplo salido de Barcelona puede ser el de Coderch, y sus construcciones en ladrillo, material típico de la zona y la influencia Neoplasticista de Mies. El bloque de viviendas para pescadores en la Barceloneta en Barcelona (1951), es un típico icono de la maniobrabilidad del ladrillo y la infusión del movimiento moderno. Por otro lado, el portugués Alvaro Siza, es otro de los que supieron administrar la dosis suficiente de "lo de acá y lo de allá". Influido por Aalto, ha basado su arquitectura en la topografía lugareña, en el paisaje urbano, en el respeto por los materiales del lugar, la incidencia de la luz, un ejemplo de esto es la casa Beires en Póvoa do Varzim (1977). De la misma manera Barragán, implementó en México una obra atrapada en la tierra, acomodada en el lugar de su emplazamiento, pero incómoda para ser trasladada, pues fue pensada para ese sitio y no para otro, el infinito, el horizonte que se percibe es mexicano y no podía ser de otra manera. El regionalismo se planteó también y de distintas maneras en otros sitios de América, como en Argentina de la mano de Amancio Williams y la casa puente, Clorindo Testa y el Banco de Londres, Horacio Baliero y el Centro Parque Industrial OKS en Pilar, Acosta y sus estudios sobre el clima y la incidencia solar. Asimismo, con Oscar Niemeyer en Brasil y sus armoniosas siluetas miméticas en su casa en Río de Janeiro, y sus edificios públicos.

Quizás quien mejor definió la labor del regionalismo critico fue Harwell Hamilton Harris, que en 1945 decía citado por Frampton: "Al regionalismo de la restricción se opone otro tipo de regionalismo de la liberación. Éste es la manifestación de una región que sintoniza especialmente con el pensamiento surgido de la época. Calificamos a esta manifestación de <regional> sólo porque aún no ha surgido en otro sitio. El mérito de esta región consiste en ser más consciente y más libre de lo habitual.

Su virtud es que su manifestación tiene significación para el mundo exterior a ella" [8]. Son muchos los arquitectos que se sumaron a una visión regionalista, como Scarpa en Venecia con la galería Querini (1963), Aris Kosntantinidis en Atenas y su edificio de viviendas en la calle Benki (1975), Alberto Sartoris en Ticino, Italia y la Iglesia Lourtier (1932). Mario Botta en la casa en San Vitale (1973) y su preocupación por lo que él llamaba <construir en el lugar>. También un ejemplo de compromiso regionalista está en la obra de Tadao Ando y su concepto de <arquitectura moderna encerrada>, que hablaba de enclaves vallados en virtud de los cuales, el ser humano es capaz de recobrar y conservar algunos vestigios de su intimidad con la naturaleza y la cultura.

De esta manera, el regionalismo crítico:
- Toma distancia de la modernización como un fin en sí mismo, sin dejar de valorar aspectos progresistas del movimiento moderno.
- Pone mayor énfasis en el emplazamiento que en la obra arquitectónica como un hecho aislado.
- Valora factores de condicionamiento impuesto por el lugar, no como límites de fin, sino como el comienzo de un espacio a crear y delimitados por éstos (luz-topografía-materiales-clima).
- Tomará elementos vernáculos y los reinterpretará como elementos disyuntivos dentro de la totalidad.
- Establece la creación de una cultura universal basada en lo regional.

Este conflicto planteado por las culturas regionales y la civilización mundial, es uno de los temas centrales que encara el sociólogo Alain Tourine en su libro "*¿Podremos vivir juntos? El destino del hombre en la aldea global*", donde señala con respecto al avasallamiento del sistema mundial que "en lugar de que nuestras pequeñas sociedades se fundan poco a poco en una vasta sociedad mundial, vemos deshacerse ante nuestros ojos los conjuntos a la vez político y territoriales, sociales y culturales, que llamábamos sociedades, civilizaciones o simplemente países. Vemos cómo se separan, por un lado, el universo objetivado de los signos de la globalización y, por el otro, conjuntos de valores, de expresiones culturales, de lugares de la memoria que ya no constituyen sociedades en la medida en que quedan privados de su actividad instrumental, en lo sucesivo globalizada, y que, por lo tanto, se cierran sobre sí mismos dando cada vez más prioridad a los valores sobre las técnicas, a las tradiciones sobre las innovaciones" [9]. En este sentido, la idea de pertenencia antes planteada, se ve debilitada "somos a la vez de aquí y de todas partes, es decir, de ninguna. Se debilitaron los vínculos (...) esta idea afirma que el único lugar donde puede efectuarse la combinación de la instrumentalidad y la identidad, de lo técnico y lo simbólico, es el proyecto de vida personal, para que la existencia no se reduzca a una experiencia caleidoscópica, a un conjunto discontinuo de respuestas a los estímulos del entorno social" [10]. La arquitectura contemporánea y su relación con la cultura del mundo, pasa por una resistencia pasiva, en cuanto a la preocupación por crear lugares y no espacios o escenografías. "Hoy la arquitectura sólo puede mantenerse como una práctica sí adopta una posición de retaguardia, es decir, si se distancia igualmente del mito de progreso de la Ilustración y de un impulso irreal y reaccionario a regresar a las formas arquitectónicas del pasado preindustrial. Una retaguardia crítica tiene que separarse tanto del perfeccionamiento de la tecnología avanzada como de la omnipresente tendencia a regresar a un historicismo nostálgico o lo volublemente decorativo" [11].

Frampton usa el término de retaguardia como un repelente a los populismos o a los regionalismos sentimentales, resulta claro que el regionalismo crítico depende en gran medida de un alto nivel de autoconciencia crítica. En un libro llamado *"Rivadavia y el imperialismo financiero"*, el historiador José María Rosa, define el sentido nacional y la actitud que debe tener una verdadera valoración de lo nacional, que en este caso viene a ejemplificar la idea de un regionalismo auténtico: "Se odia lo que no se comprende y los extranjerizados odian la patria de los nacionalistas como éstos la de aquellos. Hay sus graduaciones: odian los más débiles, porque odiar es propio de impotentes; los fuertes no puede decirse que odian sino que ignoran" [12]. Criticar sólo por la crítica misma, reaccionar de manera extrema, negando lo de afuera, es sentirse débil y la debilidad no ayuda a crear, sino más bien paraliza. Porque si reaccionamos a modo de "ortodoxia", caemos en el fundamentalismo, y como lo aclaró muy bien Marc Augé, en su conferencia dada en la Feria del Libro de 1998, "los fundamentalismos que reaccionan contra la globalización capitalista y la Occidentalización, terminan haciendo lo mismo, imponer de cualquier medio sus conceptos como verdades absolutas, de aplicación universal" [13].

El regionalismo crítico tiene que ser la manifestación de una región que está específicamente en armonía con el pensamiento emergente de la época, pero a pesar de la respuesta que en muchos lugares tuvo la idea de regionalismo, se empezó a percibir una sensibilidad del espacio y nuevas teorizaciones no entorno a la reinterpretación, sino que se pone en juego la idea de espacio mismo, en cuanto a la relación con el lugar. Peter Eisenman desarrolló la teoría de *"atopía"*, como negación de relación con el lugar, Rem Koolhaas y el caos de los flujos urbanos, o las <*reservas de realidad*> de I. Solá-Morales. Eisenman da el puntapié inicial con sus ejercicios antihumanistas de escalas variables, una manera de subvertir cualquier idea antropomórfica o la dimensión cívica. La idea de capas superpuestas, de diferentes retículas, ejes, escalas y contornos, sin ninguna relación con el contexto, un ejemplo claro de esto puede ser el centro Wexner de artes visuales, en Ohio (1989), o las viviendas de la Friedrichstrasse de Berlín (1986). Estas estratagemas desconstructivistas, tuvieron arquitectos utilitarios, como Frank Gehry o Daniel Libeskind y el mismo Koolhaas, y su proyecto para la terminal del transbordador, en Zeerbrugge (1990). No existe inocencia arquitectónica, "el razonamiento arquitectónico se disfruta con desatención" [14], cada forma inserta condiciona las relaciones, dirige acontecimientos, "el discurso arquitectónico es psicológico: con dulce violencia (aunque no lo advierta) soy llevado a seguir las instrucciones del arquitecto, el cual no sólo significa funciones, sino que las promueve y las induce en el mismo sentido en que hablamos de persuasión encubierta, de inducción psicológica, de estimulación erótica" [15], maneja proximidades, significados, "el mensaje arquitectónico oscila entre un máximo coercitivo (tienes que vivir así) y un máximo de irresponsabilidad (puedes utilizar esta forma como quieras" [16].

En un ensayo Montaner dice que "los lugares ya no se interpretan como recipientes existenciales permanentes, sino que son entendidos como intensos focos de acontecimientos, como concentraciones de dinamicidad, como caudales de flujos de circulación, como escenarios de hechos efímeros, como cruces de caminos, como momentos energéticos" [17]. Esta concepción de fugacidad de los momentos y de los lugares, habla claramente de todo un momento sociológico y antropológico de la sociedad actual, una sociedad de consumo, pasatista, ociosa, lo que el epistemólogo rumano Rudie Stronghford denominó "la era de una sociedad epidérmica", como dice el psiquiatra Enrique Rojas en su libro *"El hombre light", "una cultura light".* Y como dice Montaner, "son siempre espacios relacionados con el transporte rápido, el consumo y el ocio que se contraponen al concepto de lugar de las culturas basadas en una tradición etnológicas localizada en el tiempo y en el espacio, radicadas en la identidad cultural y lugar, en la noción de permanencia y unidad" [18]. Obviamente es el planteo hecho por Martin Heidegger en su ensayo <Construir, habitar, pensar>, "los espacios y con ellos "el" espacio ya está siempre creado en la estadía de los mortales. Los espacios se abren cuando se les da cabida en el habitar del hombre" [19]. Construir es propiamente habitar, el habitar es la manera como los mortales están en la tierra, y el construir como habitar se transforma en el construir que cultiva, o sea el crecimiento, y en el construir que erige edificios [20].

Pero sólo aquello que es en sí mismo un lugar puede crear espacio para una estancia, antes del puente (un hecho constructivo) no existe todavía el lugar, por ende, no es que primero llegue el puente a elevarse en un lugar, sino que recién a partir del puente mismo surge un lugar. Un espacio es espacio creado, algo liberado, o sea, dentro de un límite, este límite no es aquello donde algo termina, sino, como ya lo reconocieran los griegos, el límite es aquello desde lo cual algo comienza su ser, espacio es en esencia espacio creado, lo que tiene cabida en su límite, "los espacios reciben su ser de los lugares y no "del" espacio" [21], por ello, "el ser del construir es el habitar" [22]. La idea de la aparición del lugar a partir de espacio-ser-lugar, es la oposición que encuentra 45 años después Marc Auge y su concepto de "no-lugar", sin olvidar los estudios de Michael de Certau y sus nociones de lugar y espacio. En el ensayo *"Los <no lugares>. Espacios del anonimato",* Marc Augé dice "si un lugar puede definirse como lugar de identidad, relacional e histórico, un espacio que no puede definirse ni como espacio de identidad ni como relacional ni como histórico, definirá un <no lugar>", y más adelante agrega "la sobremodernidad es productora de no lugares, es decir, de espacios que no son lugares antropológicos y que, contrariamente a la modernidad baudeliriana, no integran los lugares antiguos: <lugares de memoria>" [23].

Es aquí donde me animo a hablar de una toma de conciencia a la arquitectura del presente, un llamado al estudio profundo de lo que se construye y diseña. Me atrevería a decir una confluencia de disciplinas, como la semiótica (de manera de analizar lo que la arquitectura denota y connota, positivamente o negativamente) la antropología, en cuanto a la arquitectura como la que concreta la relación del hombre con el espacio. Un tema de centralidad que hoy se ve reflejado en los mega-edificios contemporáneos (los shopping, los museos institucionales como el museo de Bilbao, los mega-centros culturales) remite un análisis que ha llevado a cabo Augé, nombrado como "la superabundancia espacial del presente. Esta concepción del espacio se expresa, como hemos visto, en los cambios en escala, en la multiplicación de las referencias imaginadas e imaginarias y en la espectacular aceleración de los medios de transporte y conduce concretamente a modificaciones físicas considerables: concentraciones urbanas, traslados de poblaciones y multiplicación de lo que llamaríamos los <los no lugares>, por oposición al concepto sociológico de lugar, asociado con la cultura localizada en el tiempo y en el espacio. Los no lugares son tanto las instalaciones necesarias para la circulación acelerada de personas y bienes (vías rápidas, empalmes de rutas, aeropuertos) como los medios de transporte mismos o los grandes centros comerciales, o también los campos de tránsito prolongado donde se estacionan los refugiados del planeta [24]. "La organización del espacio y la constitución de lugares son, en el interior de un mismo grupo social, una de las prácticas colectivas e individuales [25]. Entonces, define como a la aparición del hombre, el momento en donde el lugar es espacio creado, "el espacio, es un <lugar practicado>, < un cruce de elementos en movimientos>: los caminantes son los que transforman en espacio la calle geométricamente definida como lugar por el urbanismo" [26]. Pero en los lugares, el humano no genera acontecimientos, sino, que se hace presente a partir de ellos, "el pasajero de los no lugares sólo encuentra su identidad en el control aduanero, en el peaje o en la caja registradora. El espacio del no lugar no crea ni identidad singular ni relación, sino soledad y similitud" [27].

Posteriormente, retomando las palabras de Rafael Gambra, señalamos que el "sentido de la arquitectura", es esa totalidad, eso lo que está más allá de la arquitectura, de los ladrillos, de la estructura y de la relación antropológica. En el *"El silencio de Dios"*, Rafael Gambra habla justamente de lo que de alguna manera ata al hombre con las cosas del mundo, con su lugar, de "el sentido de las cosas", "el hombre que no siente ya con la ciudad, mide su éxito por el dinero que recibe, y festeja siempre la desaparición de vínculos, temores y deberes, esto es: lo que él llama su libertad" [28]. Esa incipiente desaparición de vínculos en el sistema mundial como dice Alan Tourine, "no sólo hay que aceptar esta ruptura, nos dicen, sino acelerarla y vivirla como una liberación" [29]. El ser "pierde, sin embargo, el bien más profundo, aquello que constituye propiamente su existencia de hombre: el lazo misterioso y cordial con las cosas del mundo, por lo que éstas se hacen valiosas para él y otorgan arraigo y sentido a su vida. El empobrecimiento de la personalidad, la trivializaron de los deseos y la masificación humana son sus consecuencias visibles" [30]. No es nada más ni nada menos que el sentido del espacio y del tiempo, el "sentido de la arquitectura", fundar la morada, construir un refugio para los primitivos padres de la humanidad, significó, la demarcación del tiempo y del espacio, y disfrutar del lugar a partir de códigos definidos, cosa que se sintetiza en una frase de Leopoldo Marechal extraída de un ensayo sobre estética *"Descenso y Ascenso del Alma por la belleza"* que resume en gran parte el trabajo desarrollado: "No se sabe si goza porque conoce o conoce porque goza" [31].

Como reflexión final señalamos lo que Saint-Exupery expresa en *"Ciudadela"*, "Morada de los hombres ¿quién te fundara sobre la razón? ¿Quién será capaz, según la lógica de construirte? Existes y no existes. Eres y no eres. Estás hecha de materiales dispares; pero es preciso inventarte para descubrirte. Igual que aquel que destruyó su casa con la pretensión de conocerla posee sólo un montón de piedras, de ladrillos y tejas, y no sabe qué servicio esperar de ese montón de ladrillos, de piedras y tejas, pues le falta la invención que los domina el Alma y el corazón del Arquitecto.

Porque faltan a la piedra el Alma y el corazón del hombre.

Pero como las únicas razones son las del ladrillo, la piedra y la teja y no las del Alma o del corazón que las dominan, por su poder las transforma en silencio, y como el Alma y el corazón escapan a las reglas de la lógica y a las leyes de los números, entonces, Yo apareceré con mi arbitrariedad. Yo el arquitecto. Yo, que poseo un alma y un corazón. Yo único que posee el poder de cambiar la piedra en silencio. Llego y amaso esta pasta que es sólo materia, según la imagen que sólo me llega de Dios y fuera de las vías de la lógica. Yo construyo mi civilización, prendado del gusto que tendrá, como otros construyen sus poemas y la inflexión de la frase y cambian la palabra, sin estar obligados a justificar la inflexión y le cambio, prendados del gusto que tendrán, y que conocen en el corazón" [32].

Notas
1. Frampton, Kenneth "Hacia un regionalismo crítico: Seis puntos para una arquitectura de resistencia", La Posmodernidad, España: Fundación Dialnet, Universidad de la Rioja, 2002, pp. 37-58. Recuperado de http://dialnet.unirioja.es/servlet/articulo?codigo=1393817 (2001).
2. Eco, Umberto, "La Estructura Ausente. Introducción a la Semiótica", Barcelona: Lumen, 1999, pp. 294-295.
3. Eco, *op. cit.*, pp. 299-301.
4. Eco, *op. cit.*, p. 303.
5. Eco, *op. cit.*, p. 286.
6. Eco, *op. cit.*, p. 293.
7. Augé, Marc, "Los "no lugares". Espacios del anonimato. Una antropología de la sobre modernidad", Barcelona: Gedisa, 1996, p. 29.
8. Frampton, *ídem*.
9. Tourine, Alain, "¿Podremos vivir juntos? El destino del hombre en la aldea global", Buenos Aires: Fondo de Cultura Económica, 1997, p. 10.
10. Tourine, *op. cit.*, p. 21.
11. Frampton, *ídem*.
12. Rosa, José María, "Rivadavia y el Imperialismo Financiero", Argentina: Peña Lillo, 1974, p. 199.
13. Augé, Marc, Conferencia, la Feria del Libro, 1998.
14. Eco, *op. cit.*, p. 316.
15. Eco, *op. cit.*, p. 36.
16. Eco, *op. cit.*
17. Montaner, Josep María, "La Modernidad Superada. Arquitectura, arte y pensamiento del siglo XX", Barcelona: G. Gili, 1999.
18. *Ídem*.
19. Heidegger, Martin, "Construir, habitar, pensar", Argentina: Alción Editora, 1997, p. 45.
20. Heidegger, *op. cit.*, p. 21.
21. Heidegger, *op. cit.*, p. 37.
22. Heidegger, *op. cit.*, p. 53.
23. Augé, *op. cit.*, p. 83.
24. Augé, *op. cit.*, p. 41.
25. Augé, *op. cit.*, p. 57.
26. Augé, *op. cit.*, p. 85.
27. Augé, *op. cit.*, p. 106.
28. Gambra, Rafael, "El silencio de Dios", Buenos Aires: Librería Huemul, 1981.
29. Tourine, *op. cit.*
30. Gambra, *op. cit.*, p. 124.
31. Marechal, Leopoldo, "Descenso y Ascenso del Alma por la belleza", Argentina: Vórtice, 1994, p. 54.
32. De Saint-Exupery, Antoine, "Ciudadela", Buenos Aires: Emece, 1948.

Bibliografía
Augé, Marc, "Los "no lugares". Espacios del anonimato. Una antropología de la sobre modernidad", Barcelona: Gedisa, 1996.
_____, Conferencia, la Feria del Libro, 1998.
De Saint-Exupery, Antoine, "Ciudadela", Buenos Aires: Emece, 1948.
Eco, Umberto, "La Estructura Ausente. Introducción a la Semiótica", Barcelona: Lumen, 1999.
Frampton, Kenneth "Hacia un regionalismo crítico: Seis puntos para una arquitectura de resistencia", La Posmodernidad, España: Fundación Dialnet, Universidad de la Rioja, 2002. Recuperado de http://dialnet.unirioja.es/servlet/articulo?codigo=1393817 (2001).
Gambra, Rafael, "El silencio de Dios", Buenos Aires: Librería Huemul, 1981.
Heidegger, Martin, "Construir, habitar, pensar", Argentina: Alción Editora, 1997.
Marechal, Leopoldo, "Descenso y Ascenso del Alma por la belleza", Argentina: Vórtice, 1994.
Montaner, Josep María, "La Modernidad Superada. Arquitectura, arte y pensamiento del siglo XX", Barcelona: G. Gili, 1999.
Rosa, José María, "Rivadavia y el Imperialismo Financiero", Argentina: Peña Lillo, 1974.
Tourine, Alain, "¿Podremos vivir juntos? El destino del hombre en la aldea global", Buenos Aires: Fondo de Cultura Económica, 1997.

38

Las Humanidades en la expresión arquitectónica

PATRICIA BARROSO ARIAS

Las humanidades son "aquellas que se distinguen por su reflexión filosófica" [1], estudian los orígenes de la cultura y globalizan su multiplicidad a través de una reflexión que señala un estudio liberal, éstas indagan el sentido de la vida del ser humano y son el camino para comprometerse con una comunidad específica, en un quehacer determinado. En su estudio se consideran diversas disciplinas como la filosofía, la filología, la historia, la geografía, el derecho, la economía, la política, la antropología, la sociología, los estudios de las artes plásticas, escénicas y la música, así como la comunicación. Este conjunto disciplinar que enmarca a las humanidades conlleva una autorreflexión del ser humano y de su forma de pensamiento, asimismo, su estudio abre diversas posibilidades para conocer, comprender y explicar cualquier cosa, ya sean hechos o fenómenos. Entonces, si nos acercamos a este acervo disciplinar que las conforman, tendremos un gran material para trabajar y podremos encontrar principios, leyes generales del pensamiento humano, teorías del conocimiento, referencias e interpretaciones sobre los objetos y nociones epistemológicas, empíricas y científicas. Asimismo, encontraremos la sustancialidad de las cosas, comprenderemos sus causalidades y lograremos fundamentar el entendimiento de su crítica, de su análisis e historicidad, indagando en su razón y sinrazón, en su concepción a priori o a posteriori o en su condición material y tangible o imaginaria.

La posición de las humanidades en la formulación de nuevas teorías para llegar al conocimiento de los hechos y fenómenos, nos abre una puerta al universo del conocimiento, entendido como el legado que se construye colectivamente a través del tiempo. Por ello, considerar este campo humanístico como un conjunto que integra diversos sistemas de conocimiento existentes y que son producto del pensamiento que la humanidad ha considerado y valorado a lo largo de la historia, nos muestra que en dicho conjunto disciplinar se puede encontrar a la esencia de los actos, de las cosas, de los pensamientos y de las manifestaciones culturales. Dichos sistemas de conocimiento, presentan un carácter de universalidad y particularidad a la vez, a lo que se les agrega un segundo rasgo esencial en la actitud de investigar sobre los hechos, acontecimientos, objetos o fenómenos, que es el carácter intelectual, esta es una cualidad del humanista, su actitud del pensamiento, su búsqueda por el conocimiento y el saber, que "es por esencia un espíritu cognoscente" [2].

Entonces se busca el ser, la razón, la causa y la naturaleza de las cosas, se indaga sobre su origen para explicarlas y conocerlas, para comprenderlas y saber más de éstas. En nuestro caso, podremos decir que las humanidades en la arquitectura convergen y dictan su relación con la historia, la filosofía, la antropología, la sociología, la psicología, la lingüística, la semiología y la literatura, por mencionar algunas; es con éstas y otras disciplinas como en una "interdisciplinariedad", la arquitectura encuentra y descubre su reflexión [3]. Y desde este punto de encuentro, donde la integración de métodos y conceptos se trasladan, se conjugan, se auxilian y se complementan, podemos elaborar nociones y fundamentos que parten de una disciplina para construirse en otra; como vemos, las humanidades se han centrado en las actividades netamente humanas como son el pensamiento y el estudio del lenguaje que se sistematizan como conocimiento en la filosofía y en la filología, para convertirse en medios epistemológicos que desarrolla el ser humano y por tanto, son generatrices de los símbolos, de las representaciones y de las imágenes.

Si tomamos como base este traslado interdisciplinar, podremos cuestionar las bases racionalistas en las que nos formamos y lograremos ir más allá de un formalismo, tecnicismo o constructivismo, con todo ello, nos inclinamos a no perder de vista que el papel de las humanidades advierte la mezcla e interrelación continua de diversas nociones que nos llevan a enmarcar fundamentos teóricos en nuestro hacer arquitectónico, asimismo, dichos conceptos, métodos o argumentos pueden funcionar como parámetros de análisis, de crítica y de conocimiento del mismo fenómeno expresivo. Así surge la necesidad de comprender la condición externa e interna del objeto habitable, de sus leyes y conexiones y se hace de manera relevante contemplar o suponer que la expresión de los fenómenos es algo que nos sirve para comparar, leer, comprender, asociar, abstraer y deducir todo aquello que ha participado en la configuración del objeto, esto es contemplar en qué se ha basado y cómo se ha producido un objeto, cuya imagen nos enuncia los rasgos característicos de su constitución; asimismo se intuye que las manifestaciones arquitectónicas pueden entenderse como expresivas en tanto que permitan sacar conclusiones sobre la caracterización del objeto.

Por consiguiente, si queremos estudiar a la expresión arquitectónica y saber qué es lo que la encarna, tendremos que investigar ¿Qué es? ¿Qué la conforma y cómo se revela? y si queremos saber sobre su origen, necesitamos investigar ¿qué puede inducirla o cuál es su naturaleza? y luego ¿qué manifiesta y cómo se estructura y produce? Para ello, podemos advertir que la reflexión de la expresión en este caso, se inclina al objeto y a su constitución formal, considerando que una obra arquitectónica queda determinada por sus aspectos importantes, ésta no sólo consiste en una edición de dimensiones, sino de cualidades, de una disposición y ordenación de intencionalidades y propósitos. Por lo que, la arquitectura podría figurar como una escena fija donde hay espacios y formas reales, donde el ser humano anda, vive y actúa o donde desarrolla una actividad cotidiana y de pertenencia; en esto se acentúa que la arquitectura es el objeto habitable o materialización del lugar donde acontecen nuestros actos, es el territorio que construimos para morar. Así nos referimos al entorno edificado y a los objetos en los que vivimos o bien, los que imaginamos. Con esto se aborda la interrogante sobre ¿en dónde está la expresión? podemos decir que la arquitectura implica al campo habitable en su concepción y materialización, este diseño implica a un proceso prefigurativo que abarca al proyecto en donde se prevé toda su condición expresiva y al objeto donde actúa lo tangible y lo perceptible de la misma. La expresión es una condición del objeto que se lee en la imagen formal que propone el arquitecto interpretando a la comunidad o al usuario, sin embargo, si se establece que es realización del arquitecto, entonces él es quien decide en su composición, pero no para acentuar un sentido protagónico, sino que su sentido expresivo se toma como el resultado de interpretar un modo de vida social en combinación con un fin "el de habitar". La expresión arquitectónica surge o emana de un individuo inserto en su cultura y se manifiesta como una producción individual y colectiva a la vez, en este caso, se entiende así, porque el arquitecto es un instrumento social que interpreta las condiciones culturales en las que vive y bajo las cuales proyecta.

Entonces el acto de expresar se define como el efecto de manifestar, declarar o revelar por medio de los rasgos o la fisonomía del objeto cierto contenido, "es un modo de darse, es comunicar el ser, es un fenómeno" [4]. Su evidencia se obtiene en un acto comunicativo que revela las ideas asociadas y suscitadas por la estructura formal de la obra de arte, Leibniz, define como expresión a toda especie o forma de la relación entre el símbolo y su designación, así empieza a significar [5]. De tal manera, que no es un medio o un instrumento, sino un estado final, un cumplimiento; por otro lado, señala Heidegger, "hablando se expresa el 'ser ahí'" [6], no porque comience como algo interno o porque esté afuera, sino porque es en el mundo y estando afuera es ya expresión. Esta revelación nos permite analizar y comprender la naturaleza íntima del objeto, nos hace entender lo esencial, ver los contenidos utilizados y los materiales conceptuales expresados en la obra, en este caso, la expresión arquitectónica informa las propiedades reales del objeto, ésta indica, produce y declara un contenido. Una forma expresiva, entonces "es cualquier totalidad perceptible o imaginable que exhibe relaciones de partes o puntos, o incluso cualidades o aspectos dentro de la totalidad" [7]. La expresión arquitectónica, se entiende como la afirmación, explicación y manifestación del contenido arquitectónico que se transmite en la forma y su estudio va indicando la presencia de una esencia o del origen que ésta cobra, aquí la materia es lo que la expresión envuelve e implica a una identidad manifiesta. El contenido define a la expresión y explica su significado, ésta es una manifestación o proyección de la estructura del objeto, de su configuración, de todo aquello que lo articula y le da sentido, así la cuestión del significado en el fenómeno expresivo se vuelve importante cuando nos referimos al análisis detallado de los "contenidos" arquitectónicos.

En este sentido, comprendemos que el origen de la expresión arquitectónica es ciertamente peculiar, sin embargo, no es un problema de la lingüística o la semiótica en general, sino que es un problema de contenidos, porque en un objeto arquitectónico se lleva a cabo la función de expresar ciertas entidades cualitativas e intencionales que funcionan como unidades significantes y se configuran a través de un sistema ideológico y lingüístico; es decir que se incluyen los principios mediante los cuales se revela la expresión de una obra en base a las ideas y los códigos lingüísticos evocados y seleccionados. Con ello, la expresión envuelve un principio de lenguaje (o protolenguaje) que nos permite ver, experimentar y percibir las cualidades, propiedades y elementos que integran a un entorno material y tangible; con esto, podemos decir que la expresión viene cargada con una experiencia perceptual e intelectual y por medio de estas experiencias observamos las características del objeto y reconocemos los rasgos que en él se presentan a partir de un código cultural arquitectónico que entendemos como portador del sentido expresivo. Acentuando que en el análisis de los objetos habitables, sólo se podrán revisar las circunstancias por las que fueron creados, de manera que dicho estudio comprenderá en estricto su lectura formal; por lo tanto, al objeto arquitectónico lo entendemos a través de la revisión de las condiciones en las que se produce y expresa.

Finalmente, para trazar una concepción teórica de la expresión y esbozar una aproximación a su conocimiento, podemos estudiar cómo se ve permeada la obra de un influjo ideológico y qué proceso sigue la expresión del arquitecto, además de investigar cómo concebimos todos los contenidos y cómo los determinamos bajo el uso lingüístico. La expresión arquitectónica es "algo" que hacemos, sin embargo para llegar a su cabal comprensión habría que contribuir a su estudio, análisis y explicación, cuyo modelo no ha sido previsto, es una manifestación con la que trabajamos, que no es sólo un producto de la experiencia que se tiene en el "hacer", sino que es también producto del conocimiento, de la reflexión que abarca su trasfondo y de analizar su proceso, elementos que podemos explicar y comprender si nos acercamos a las humanidades.

Notas
1. Hernández Álvarez, María Elena, "¿Qué son las humanidades?", 1er. Encuentro Universitario de las Humanidades y las Artes, México: UNAM, 1998, p.9.
2. Hessen, Juan, "Teoría del conocimiento", 3ª ed., México: Tomo, 2007, p.20.
3. Aguirre Cárdenas, Jesús, "¿Crisis o revolución?, las humanidades y las artes entre dos siglos y dos milenios", Memoria del Coloquio Las Humanidades y las Artes. México: 1er. Encuentro Universitario de las Humanidades y las Artes, UNAM, Consejo Académico de las Humanidades y las Artes, 2000, p.13.
4. Nicol, Eduardo, "Metafísica de la Expresión", México: Fondo de Cultura Económica, 1989, p.221.
5. "Diccionario de Psicología", México: Fondo de Cultura Económica, 1964, p. 132.
6. Abbagnano Nicola, "Diccionario de Filosofía", México: Fondo de Cultura Económica, 1961, p.511.
7. Rubert de Ventós, Xavier, "Por qué Filosofía", Barcelona: Península, 1990, p.66.

Bibliografía
Abbagnano Nicola, "Diccionario de Filosofía", México: Fondo de Cultura Económica, 1961.
Aguirre Cárdenas, Jesús, "¿Crisis o revolución?, las humanidades y las artes entre dos siglos y dos milenios", Memoria del Coloquio Las Humanidades y las Artes. México: 1er. Encuentro Universitario de las Humanidades y las Artes, UNAM, Consejo Académico de las Humanidades y las Artes, 2000.
"Diccionario de Psicología", México: Fondo de Cultura Económica, 1964.
Hernández Álvarez, María Elena, "¿Qué son las humanidades?", 1er. Encuentro Universitario de las Humanidades y las Artes, México: UNAM, 1998.
Hessen, Juan, "Teoría del conocimiento", 3ª ed., México: Tomo, 2007.
Nicol, Eduardo, "Metafísica de la Expresión", México: Fondo de Cultura Económica, 1989.
Rubert de Ventós, Xavier, "Por qué Filosofía", Barcelona: Península, 1990.

# Habitarse a sí mismo: una reflexión sobre el sentido humanístico de la arquitectura

DAVID CALDERÓN MARTÍN DEL CAMPO

Le dijeron ellos: "Rabbí -que quiere decir 'Maestro'-, ¿dónde habitas?". él les dijo: "Vengan y lo verán". Fueron, pues, y vieron dónde habitaba, y permanecieron con él aquel día.
(Evangelio según San Juan 1, 38-39)

La Arquitectura atraviesa hoy, como tantos otros quehaceres humanos, por una grave crisis. Si nadie niega su prosapia clásica, su notorio y bien fundamentado abolengo entre las artes que la envuelve siempre de un aura de solemnidad y romanticismo, no es menos cierto que en los tiempos recientes su práctica y su enseñanza, sus desarrollos y perspectivas se achatan y empobrecen a pasos agigantados. Cual atolondrado hijo de rico, la práctica cotidiana de la arquitectura avanza hacia el desastre, dilapidando sus tesoros culturales y sociales, poniéndose al servicio de la voracidad especulativa vigente. Ser arquitecto es una variable marca de status clasista, difícilmente refrendada por conocimientos, creatividad y una auténtica visión de finalidad en lo que se hace. Menos prácticos que los ingenieros, menos ocurrentes que los diseñadores, fácil presa de políticos y especuladores inmobiliarios, de quienes acaban como subordinados, los arquitectos resultan figuras simpáticas y prescindibles, fácilmente intercambiables entre sí, limpios chambeadores en proyectos definidos por la lógica de otros, medios para fines que se escapan a su inteligencia y voluntad. El panorama no ofrece una gama amplia de alternativas, al menos en los primeros años: dibujante a destajo, residente de obra, -donde, por cierto, se contempla el engranaje de la corrupción: maestros que explotan a sus peones, cual nuevos caciques; proveedores tramposos, inspectores venales, proyectistas ignorantes, normas de seguridad y de edificación incumplidas-, contratista, vendedor de terrenos. Futuro venturoso, a estas alturas, es acabar sabiendo cotizar metros cuadrados de ladera, traficando software CAD, memorizando catálogos de muebles de baño fabricados en el extranjero, recubriendo con vidrio polarizado y uniforme auténticas fachadas de los años cuarenta, forzando oficinas coloreadas en lo que eran residencias señoriales. Paradoja sangrienta si las hay, parece que hoy el arte de edificar marcha a la ruina.

¿Se puede aportar evidencias de tan desolador panorama? Tristemente sí, y lo que es peor, se puede descubrir una marcada tendencia en los programas de licenciatura a reforzar esa marea, empujando a los soñadores jovencitos y jovenitas a hacerse expertos informáticos y corredores de bienes raíces. ¿Historia de la arquitectura? ¿Restauración? ¿Urbanística? ¿Acuarela? ¿Maquetas? ¿Ética? ¿Dinámica social de México? ¿Para qué estudiar eso, o para qué tomárselo en serio? ¿Qué es más importante: entender la lógica de la traza reticular de la ciudad renacentista, o saber fraccionar "desarrollos turísticos" en pantanos insalubres? Pero así como hay evidencia de distorsión, hay evidencia de renacimiento: hay quien se revela con agudeza y elegancia a esta vulgarización de la profesión; hay quien demuestra que la preocupación social y el éxito empresarial no están reñidos; nunca como ahora se ha tenido tan clara conciencia de preservar, reguardar, destacar el patrimonio cultural de la arquitectura pretérita, hay quien se niega a pensar que una vocación tan alta como ésta puede -y en este caso la metáfora está más que justificada- levantarse sin fundamentos profundos, sin sólidos cimientos.

Por ello, lo más original es volver a los orígenes, y lo más radical es erguirse desde las raíces. Esta crisis de la arquitectura, que con ásperos trazos dibujé al inicio de ésta, mi participación, es la enésima versión de una tentación tan antigua como la arquitectura misma. Toda la historia de la arquitectura puede leerse desde esa clave: tentación y reforma, servilismo y señoría, rapiña y amor al hombre, sucediéndose y contrapunteándose, la arquitectura construye la casa del hombre o le labra una prisión, más hostil y severa que la peor intemperie. Pero no nos vayamos por las ramas: la arquitectura no mejora simplemente por su conformación vertical u horizontal, por su ocupación individualista o colectivista. Sin un originario y radical centrarse en la persona, la arquitectura confundirá la intimidad con los guetos alambrados y electrificados de las zonas pudientes de la Cd de México, y la comunidad con los mastodónticos edificios del socialismo real, hoy inhabitados en sus pisos superiores a los que no llega el agua o los elevadores. Algunas edificaciones nos pueden enseñar mucho a este respecto. *La Domus Aurea y las Termae*, en Roma, fueron maravilla para propios y forasteros, bastiones del César, símbolos de su indisputada hegemonía y de su universal gobierno. Asaltadas y saqueadas, los enemigos las maldijeron, la maleza las cubrió, los viajeros las evitaron, los asaltantes las ocuparon. De ser paradigma de la civilidad, orgullo de la ciudad, acabaron en algo más salvaje e inquietante que la selva misma, al punto que, genéricamente, a estos palacios se les consideró grutas. Así, los murales de la Dorada Casa acabaron dando el nombre a lo "grotesco".

Porque, para decirlo de una vez, toda la victoria o la derrota de la arquitectura está en que permita y propicie que la persona se habite a sí misma, o que -por el contrario- la arquitectura inhiba, ponga obstáculos y levante tapias a esa posibilidad. Permítanme un rodeo, que a mi juicio nos llevará al centro del asunto. Mucha gente piensa que la ética en las profesiones pueda reducirse a un código votado por un grupo de notables -de dudosa representatividad, escasa idoneidad y cuestionable autoridad moral-, sin mayor fundamentación filosófica que la del consenso -tan azaroso él- y enunciando vagos deberes morales que permiten el paso de cualquier camello por tan sobrados ojales de la aguja. Pocos descubren la ética de la profesión en la lógica intrínseca de su ejercicio, en el hacer mismo que la vocación exige, en los grandes ejemplos de los maestros del pasado y el presente. Porque la ética de la arquitectura no puede circunscribirse a las regulaciones de las leyes o las normas del gremio, sino a la autenticidad de su naturaleza. No basta con evitar el fraude directo, de borrón contable; es necesaria una honestidad que se pregunte si con el proyecto que uno tiene delante aumentará el resentimiento social, opacará lo bello o limitará la salud. Hay fraudes de muchos pisos, fraudes premiados.

¿Qué quiero decir con "habitarse a sí mismo" y por qué considero que es el punto crucial de la Arquitectura, de su ética? *Ethos*, la palabra de la que se origina nuestro término "ética", quiere decir justamente "morada", "guarida". Los griegos querían con ello subrayar lo propio, lo de suyo de la persona humana. *Ethos* es el carácter moral de la persona, su -por así decirlo- domicilio existencial, así como un animal en el bosque se reconoce por su guarida, a la que sus huellas nos conducen, así la calidad moral de un hombre se reconoce por ese espacio en el que habita, al cual sus acciones -la huella que deja su paso entre nosotros- nos

|David Calderón Martín del Campo

conduce. Lo ético no significaba para los griegos regulaciones externas: significaba un "ser sí mismo", *autarkeia*, tener raíz por sí mismo, gobernarse y no ser juguete de otros. Y conste que no es lo mismo *anarkeia* -anarquía, desgobierno- a *autarkeia*; no se trata de capricho o de no tener orden y medida, sino de tener ambos por el despliegue de uno mismo. Ahora bien, lo ético es precisamente lo opuesto a lo patético: *pathos* es lo que se padece, lo que -como decimos en México- "nos hicieron". Patético es el hombre que, contándonos su vida, nos dice lo que los demás le hicieron y que da como resultado su situación presente, el sitio que actualmente ocupa. En cambio, la noción de ético conlleva actividad, energía, esfuerzo. No es un habitar que simplemente "ocupa". No; es un habitar que consiste en ganarse el propio lugar a pulso firme, dejando obras, construyendo. Si *pathos* es dejar, "dejarse", *ethos* es edificar, hacer, "hacerse". Soy el hombre que edifican mis acciones, y habito en el lugar que me he sabido dar.

Como ven, las metáforas arquitectónicas para hablar del ser humano y el sentido de su vida no son mera coincidencia, curiosidad erudita: edificar es vocación humana, o para recurrir a una imagen espacial: edificar no es un área del hacer humano, es una dimensión del ser humano, que en todos nosotros ha de crecer y fructificar, siempre de acuerdo a nuestra personalísima opción, a nuestra inédita presencia sobre la tierra. Que existan arquitectos dentro de un gremio, con actividades específicas y tradiciones propias, es algo muy de agradecerse, pero ello no nos exime a los demás del sagrado deber de construir, de construirnos. Correspondientemente, un título de licenciado en Arquitectura no es ninguna garantía -y me remito a la parte inicial de mi alegato- de haber superado el ser patético. Por eso, la expresión "ética en la arquitectura" se me antoja pleonasmo, reiteración: la arquitectura no puede tener como adjetivo el ser ética, o es ética, en sustantivo, o no es arquitectura. Como dice mi amiga, la Arq. María Elena Hernández: "Apilar ingeniosamente materiales no es arquitectura"; nada más cierto, pues eso de apilar se puede hacer con concreto, con naipes y con frutas en el mercado. Arquitectura, entonces, es el arte -y obviamente la ciencia, pues la ignorancia nunca construyó, y la estupidez construyó en arena- de edificar para que el hombre se habite a sí mismo, para que los espacios externos sean correspondientes a los internos, para que la morada exterior exprese la morada interior -tan cantada por los místicos-, para que todo hombre y todos los hombres tengan su lugar.

¿Cuándo me topo con arquitectura auténtica? Cuando encuentro un trabajo constructivo que le da al hombre su lugar. Aún en torno a la mesa, aún en un prado no reclamado todavía por la lógica de la propiedad excluyente, busco mi lugar. En mi lugar, literalmente, "me hallo" como también decimos en México. En el lugar hay identidad, encuentro, alianza, recuerdo. Todo ello he de poderlo encontrar y construir en donde habite. Y eso vale para mi casa, como para mi ciudad o mi mundo, a nadie, con un poco de sagacidad, se le escapa que los espacios comunitarios, cuando los hay, aportan lo mismo: la iglesia da identidad, la plaza encuentro, el mercado alianza, el monumento recuerdo. Hasta la ruina es significativa cuando está en su lugar y nos hace contemporáneos de los que fueron; y también es cierto que cuando se derruye un auténtico lugar y se le sustituye por un cajón funcional, algo se ha perdido. Habitarse a sí mismo no es sólo un giro poético, que me permito en un exceso del lenguaje típico de mi gremio, los filósofos, tiene que ver con concretas decisiones políticas, educativas, ecológicas, económicas. La arquitectura fracasa cuando les niega sol a los viejos y rincones a los pensativos, campos de juego a los niños y solemnidad a los creyentes, orientación a los viajantes y seguridad a los transeúntes, concentración a los estudiantes y distensión a los amigos. Trágica situación la que vivimos, cuando los centros comerciales aspiran a cobijar por igual a la avaricia y al reposo, cuando usurpan el paseo de los enamorados y encapsulan en consumo las tímidas esperanzas de los jóvenes. Detestable mundo en el que todo invaden las cadenas, con su estilo constructivo soso, uniforme y aséptico, en el que el hotel, el hospital, la universidad y el aeropuerto se distinguen sólo por sus respectivos letreros.

Los lugares y sus edificaciones no pueden ser considerados simplemente intervalos de espacio, rutas de movimiento, embalaje de cosas y personas. Tiene siempre una carga simbólica, una conexión que no es física -pero que ello mismo es más real que su simple materialidad- con el destino de la persona. La toma de la Bastilla, el asalto al Palacio de Invierno, el derribo del Muro de Berlín o la ocupación de la plaza de San Wenceslao fueron más una declaración de principios que el logro de una posición militar;

David Calderón Martín del Campo

las revoluciones francesa y rusa, el fin de la Guerra Fría y la caída del tirano Caecescu son nombrados a partir de eventos en donde los hombres tomaron su lugar, y se negaron a aceptar que alguien decidiera arbitrariamente a quien excluir y a quien incluir, a quien unir y a quien separar. He insistido mucho en construir, en edificar, pero debemos considerar que construir es un medio y habitar es el fin. Habitar es, pues, en todos los casos, el fin que preside a toda construcción, no se trata de enrejar o amurallar el mundo, de urbanizar el campo, de modificar todo lugar, la obsesión constructiva es peligrosa, machista y contraproducente, pues se vuelve contra su pretencioso creador, como refieren los mitos del Laberinto de Dédalo y de la Torre de Babel. Exagerar la metáfora constructiva conduce a lamentables fantasías sobre la Gran Pirámide de Egipto, a exóticas doctrinas sobre un Gran Arquitecto impersonal -en ficticia competencia con el Dios Santo, Celoso y Misericordioso del judaísmo, el cristianismo y el Islam- e incluso a rimbombantes posturas pedagógicas que desestiman el diálogo y la tradición, en favor de habilidades de pensamiento que tienden a lograr con enorme dificultad individual lo que naturalmente se nos da en la comunidad.

Así como en la medicina se está abriendo campo una sólida corriente de "intervención mínima", de "tratamientos no invasivos", así la arquitectura no debiera dejar que la edificación prevalezca sobre el habitar. Sin falsos ecologismos o primitivismos, dando su correcto lugar a la comodidad y a la adaptación del ambiente a la vida humana, habría que atender a la propuesta de Heidegger: Los mortales, cuando acogen el cielo como cielo, cuando dejan al sol y a la luna seguir sus cursos, a los astros sus rutas; cuando acogen las estaciones del año con sus bendiciones y sus rigores, cuando no hacen de la noche día ni del día una carrera sin tregua, es cuando los mortales habitan (Calderón, "Habitarse a sí mismo: una reflexión sobre el sentido humanístico de la Arquitectura", Ponencia para el Coloquio Arquitectura y Humanidades, Facultad de Arquitectura, UNAM, 1999).

¡Cuánta falsa sofisticación, qué lejos queda del habitar esa tendencia a iluminación artificial, polarizado, temperatura controlada, calefactores y humidificadores! El arquitecto se vuelve un especialista en instalaciones, agente de los equipamientos, esclavo de los acabados. Pero si recapitulamos todo lo dicho, no es del todo culpa de los arquitectos: todos somos responsables: En el origen no hay profanos, o dicho más mexicano, el mirón es un traidor. Nadie puede dejar de poner manos a la obra. A todos involucra la crisis de la arquitectura, y todos estamos comprometidos en construir y habitar. Me congratulo de los esfuerzos como éste, para que en la academia y en la práctica la arquitectura retome su origen y raíz humanísticos, para que la arquitectura -sin descuidar sus vínculos con la ingeniería y la economía- frecuente a sus hermanas la poesía y la filosofía. Como buenos compañeros de camino, los arquitectos están ahí para volverse solidarios con nuestras necesidades y nuestros sueños, para ayudarnos a interpretar la partitura de nuestros corazones en busca de su lugar. Construir es, en su ser, hacer habitar. Realizar el ser del construir es edificar lugares por la unión de sus ámbitos. Es solamente cuando podemos habitar que podemos construir. (Calderón, 1999).

Habitar como otras metáforas básicas, construir y habitar son patrimonio de la imaginación y del intelecto, de la técnica y del sentido último. Como ocurre con el comer y nutrirse, también construir y habitar hablan de lo que el hombre es y debe ser. El destino definitivo de la persona ha sido descrito en incontables culturas como un gran banquete, pero también como un habitar: En la casa de mi Padre hay muchas moradas. Cuando yo me haya ido y les haya preparado el lugar, de nuevo volveré y los tomaré conmigo, para que donde yo estoy también estén ustedes.

Bibliografía
Calderón Martín del Campo, David, "Habitarse a sí mismo: una reflexión sobre el sentido humanístico de la Arquitectura", Ponencia para el Coloquio Arquitectura y Humanidades, México: Facultad de Arquitectura, UNAM, 1999.

Perspectivas fragmentadas de Rodchenko

EFI CUBERO

Un destello de exultante felicidad. Como si la esperanza, largo tiempo acariciada, cuajara en ilusionadas perspectivas de un futuro prometedor y abierto a la alegría, al bienestar y al arte, planea sobre estas obras de Alexander Rodchenko (San Petesburgo, 1891- Moscú, 1956). Sus picados y contrapicados, por sus perspectivas imposibles, inesperados enfoques y sorprendentes ángulos -tan actuales pese al tiempo transcurrido- que, como aristas de vidrio, nos acercan a una nueva y diferente realidad, una insólita visión de lo observado. Imágenes plenas de agudeza e inmediatez que mantienen una proximidad latente, una revelación en el presente que parece captar la vorágine urbana, dispersa y fragmentada de las ciudades de nuestra época actual…

Nadie diría que estas secuencias o estos fotogramas tienen casi un siglo. Porque la cámara o mejor la mirada de este artista plural, maestro en tantas disciplinas donde la creación se halla presente, aunque cívica y socialmente comprometida, acecha lo insólito, enfoca sobre todo, la perplejidad desconcertada del moderno urbanista, atrapado en un mundo ajeno y a la vez próximo. Muestra el extrañamiento del ser humano ante un futuro que lo coge desprevenido, sin capacidad de reacción, pero inmerso en la dinámica y cambiante complejidad de un tiempo nuevo que no debe perderse.

Las situaciones que el espectador percibe, Rodchenko se las muestra, o desde muy abajo, líneas oblicuas que marcan la frustrada ascensión; o desde muy arriba, donde, paradójicamente, se opone al vértigo, al vacío o a la nada. Admirador de las propuestas dadaístas, amigo de cineastas, poetas, músicos, pintores, (pintor él mismo, y escultor, y tantas cosas más…) de todo aquello cuanto pudiera impregnar esa fiebre de creación y dinamismo que mantuvo hasta el final, amante del progreso y las tecnologías, con los ojos dispuestos, abiertos al futuro; Rodchenko apuesta por mostrar las distintas partes del rompecabezas de una ciudad, de un ser humano, de un simple objeto, para que el espectador atento reconozca y complete desde esa parte o porción el todo que nos es sugerido, apuntado, desde el vector implacable de su fiel leika, o lo que es más importante, de la mirada certera y precursora del artista.

A estas alturas, cuando todo en lo que él creyó o por lo que él apostaba, es tan sólo un pasado, tan rígido como aquel cadáver embalsamado al que iban a rendir pleitesía entre los rojos intensos de un decorado efímero, bajo las doradas cúpulas resistentes y alzadas de los antiguos edificios; cuando el río Volga cruza su espejo con la melancolía de las notas dispersas de los antiguos remeros, y el metro de Moscú exhibe un esplendor de gloria proletaria, mientras Leningrado, recupera de nuevo el nombre de San Petersburgo, ciudad donde él artista nació, y la famosa, afanosa avenida, oscura y ancha, donde un viento helado susurra a los viandantes que nada permanece, mientras atraviesa sobre el tiempo sin tiempo todo el meandro del río Neva hasta llegar al monasterio de Alejandro Nevski, que le otorga nombre y rango, en la historia convulsa que el río calla, quedan las viejas tan absolutamente nuevas- fotografías de Alexander Rodchenko, hablándonos de un empuje de creación viva, ajena -como siempre lo fue el Arte- a mandatarios y consignas, a burocracias y destierros, a silencios y a encadenadas demoliciones.

Lily Brik, sigue gritando, con su frescura intacta: ¡libros! Mientras, su amado Vladimir Mayakovsky es soberbiamente captado, igual que a ella misma, por la cámara fotográfica de su amigo, en una magistral serie de retratos donde los penetrantes ojos del gran poeta ruso, nos hablan de despedidas, tan próximo el suicidio, sin que nadie -o tal vez sí- se percate de la que será su definitiva y temprana fuga. Porque, es en 1924 cuando Rodchenko lo retrata como también al más fiel y constante, el mayor de sus amores, Lily Brik, a la que dedica poemas memorables y también sus últimas palabras escritas sobre un papel antes de dispararse un tiro en la sien, un 14 de abril de 1930 cuando se hallaba en el cenit como poeta y tan sólo tenía 37 años, y proclamaba con pasión su amor por la vida: "La vida es espléndida./ Y vivir es espléndido./ Y en nuestra hirviente/ jornada combativa// más todavía./ Se vive bien/ en el país de los soviets./ Se puede vivir/ y trabajar a gusto./ Pero/ -por desgracia- / no tenemos muchos poetas./ En esta vida/ morir es fácil./ Vivir es mucho más difícil" [1].

Dos días antes de suicidarse, el poeta deja una carta pidiendo perdón a todos por el dolor causado, y unas significativas palabras hacia su gran amor; "Lily, ámame". Rodchenko comienza a colaborar con Mayakovsky en 1923, ilustrando el poema Sobre Esto empezando así una colaboración estrecha que duraría hasta 1928, año en que Rodchenko se une al Circulo de Octubre de artistas; del que sería expulsado tres años después bajo la acusación de formalista.

A finales de 1930 vuelve a pintar alternando pintura y fotografía, dejando ésta última para siempre en 1942, aunque continuó organizando exposiciones de fotografía durante varios años. Todavía nos deslumbra una de sus mejores obras pictóricas, la belleza de ese tríptico único que creó en 1921, *Colores Puros*, donde el rojo, el amarillo y el azul, conforman una composición espléndida de una perfección innegable de pintura absoluta.

Rodchenko, atraviesa ese momento importantísimo de innovadora vanguardia fotográfica, aportando su genio creador que nos convence y subyuga; cuando entre 1919 y 1939 se desarrollan las dos mayores corrientes de cambio decisivo en este género, derivando en un nuevo enfoque estético que desplaza la fotografía tradicional hacia una fotografía viva, sin retoques, directa, e indudablemente rompedora y dinámica ajena a rebuscados pictorialismos. Lo seguimos amando, porque él representa el vértigo, el enfoque, la perspectiva laberíntica, acristalada y vulnerable de nuestro yo más urbanita y frágil.

Notas

1. Algunos sitios en línea en los que se puede conocer más de la obra de Rodchenko:
http://www.masters-of-photography.com/R/rodchenko/rodchenko2.html
http://www.artcyclopedia.com/artists/rodchenko_alexander.html
http://www.schicklerart.com/exhibitions/aleksandr_rodchenko/museum_series/rod_1/rod_1_1.html
http://rodchenko.net/
http://www.moma.org/interactives/exhibitions/1998/rodchenko/index.html
http://www.artprofessor.com/artists/alexander-rodchenko.php
http://calitreview.com/2842
http://www.fusedmagazine.com/2009/04/28/rodchenko-and-popova/

Bibliografía

Rodchenko, Alexander, Recuperado de http://www.masters-of-photography.com/R/rodchenko/rodchenko2.html

Rodchenko Alexander, [Russian Constructivist Painter and Photographer, 1891-1956, Recuperado de http://www.artcyclopedia.com/artists/rodchenko_alexander.html

Rodchenko Alexander, 1998 The Museum of Modern Art, New York, Recuperado de http://www.moma.org/interactives/exhibitions/1998/rodchenko/index.html

http://www.schicklerart.com/exhibitions/aleksandr_rodchenko/museum_series/rod_1/rod_1_1.html

Rodchenko Alexander, Recuperado de http://rodchenko.net/, ©2003-present Rodtchenko.com://rodchenko.net/

Rodchenko Alexander, Recuperado de http://www.artprofessor.com/artists/alexander-rodchenko.php

http://calitreview.com/2842

Rodchenko Alexander, Fused Magazine.com, Recuperado de http://www.fusedmagazine.com/2009/04/28/rodchenko-and-popova/

La arquitectura, indispensable para el hombre

EDGAR FRANCO FLORES

¿Qué es la Arquitectura y qué función desempeña en la vida de los hombres?

A primera vista la respuesta es simple, y podríamos encontrar una definición abstracta y adecuada que describa las características propias de la arquitectura, su objetivo, sus usos y su finalidad. Sin embargo, la arquitectura va más allá de una sencilla abstracción, ha cobrado vida propia, porque dicha vida está implícita en el hombre mismo. La arquitectura y el hombre han establecido una relación única e inquebrantable. ¿Cuántas veces un hombre se ha sorprendido en un lugar lejano, admirando las bellas obras arquitectónicas que le rodean, pero en el fondo extrañando aquellas que le son familiares y con las que ha crecido? Cada edificación, en la que hemos vivido una pequeñísima parte de nuestra vida [1], establece una relación profunda con nosotros mismos, cada espacio en el que ingresamos, forma parte de nosotros y por él es que recordamos aquello que acontece en su interior. Los espacios arquitectónicos nos acompañan siempre, nos rodean y nos cobijan, en todo aquello que hacemos o emprendemos, forman parte de nuestros recuerdos, son puntos de referencia y escenarios que cambian con nosotros mismos, el espacio arquitectónico elemental nos habla de esto: la casa-habitación. Michelet, citado por Bachelard lo describe de esta manera: "La casa es la persona misma, su forma y su esfuerzo más inmediato; yo diría su padecimiento" [2]. El espacio arquitectónico vive con nosotros, en nosotros, se regocija a la par que nuestras alegrías, pero sufre y padece con nosotros por infinidad de sufrimientos. Los espacios se convierten en amigos inseparables de nuestra vida, o se transforman en ruinas abandonadas que existen en el olvido, cada ser humano es capaz de definir a la arquitectura. Todas [las obras] son "un para" y "un hacia" que desembocan en un hombre concreto, que a su vez sólo alcanza significación dentro de una historia precisa [3].

Cada espacio en el que vivimos y que llegamos a conocer se convierte en parte de nosotros, en una extensión de la simple casa-habitación en la que vivimos. Los espacios arquitectónicos a lo largo y ancho de la ciudad son parte de nuestro hogar: los reconocemos, los vivimos y los extrañamos. La ciudad, las obras arquitectónicas y los espacios específicos que las componen son como el árbol en el que anida el pájaro que describe Bachelard. "El árbol es un nido en cuanto un gran soñador se esconde en él" [4]. Así son los espacios arquitectónicos: sitios de intimidad, de soledad y convivencia, lugares que el hombre adopta o rechaza, espacios donde el hombre crece y se desarrolla más allá de simples experiencias vagas y aisladas. Cada ser humano establece una relación con el edificio y el espacio que se alza delante de él. Los privilegiados elogian la ciudad, mientras los olvidados no la conocen [5], la obra arquitectónica habla de la verdad del hombre, de cada hombre, de cada ser humano que habita el espacio. En este sentido y al retomar las ideas de Octavio Paz sobre la poesía y el poeta, quien nos dice que: El artista es creador de imágenes, es poeta [6], vemos que estas imágenes creadas se expresan por medio del lenguaje, pero son capaces de trascender ese lenguaje, son fiel reflejo de la historia y la trascienden. El artista logra que los instrumentos que utiliza se sirvan para recobrar su fuerza original, es decir, la esencia, la verdad de cada obra.

¿No debe suceder lo mismo con la arquitectura? Ésta es noble, debe servir al hombre. Debe expresar la verdad del hombre, de cada hombre, cada lector busca algo en el poema. Y no es insólito que lo encuentre: ya lo llevaba dentro [7]. Cuando leemos un poema, hallamos en él algo que nos conmueve, algo con lo que profundamente nos identificamos, como si una parte de nosotros estuviera presente en él, ¿o acaso somos nosotros parte de cada poema? La arquitectura es parte de nosotros y nosotros, de ella, ésta no puede ser generalizada y convertida en simples palabras abstractas, lenguaje del hombre actual, que busca entenderlo todo, aunque rara vez llegue a la verdadera comprensión. "¿Alguna vez han intentado describir al ser humano? ¿Qué sería lo primero que les vendría a la mente? El sólo hecho de hacerlo parece tan difícil. El ser humano es complejo en sí mismo, es inteligencia, sí, pero eso no lo es todo. Sería muy injusto calificarlo así, es sentimientos, pensamientos, emociones, pero sería muy injusto también" [8]. Intentemos definir a la arquitectura, que es reflejo de lo que el hombre es, ésta habla de todo lo que hombre desea, piensa y vive. Cada espacio dice algo de nosotros, porque dicho espacio es parte de nosotros mismos, ¿o acaso somos parte nosotros de cada espacio arquitectónico?

La poética del espacio de Gaston Bachelard en referencia a la arquitectura

> *"Entonces, desde el fondo de su rincón, el soñador se acuerda de todos los objetos de soledad, de los objetos que son recuerdos de soledad y que son traicionados por el solo olvido, abandonados en un rincón".*
> (Bachelard, 1997).

Si se me pidiera cerrar los ojos y encontrar en la profundidad de mí mismo un lugar en el cual pudiera sentirme cobijado y seguro contra todo miedo del mundo exterior, un único sitio vendría a mi mente para socorrerme: la localidad de Real del Monte, comarca pequeña, ubicada a unos cuántos kilómetros de la Ciudad de Pachuca, enclavada entre altas estructuras montañosas que resguardan una serie de construcciones antiguas que han sobrevivido al paso de los siglos. Real del Monte es una población que data desde los inicios de mil ochocientos, cuando los primeros ingleses, integrantes de la "Sociedad de Caballeros Aventureros de las Minas de Pachuca y Real del Monte" [9] arriban a estas tierras para fungir como apoyo a la decadente minería. Mi imaginación vuela y me transporto de repente a esa época distante, pero ¿por qué establecer un hogar en ese sitio? Las montañas, el cielo bello y claro y el horizonte lejano, un clima frío y mañanas enmarcadas por espesa niebla que lo cubre todo; cubre nuestras casas, nuestros pensamientos e ilusiones el caminar por ese paraje antes de la salida del sol y sentir las diminutas gotas cristalinas que flotan por doquier ¿acaso este sitio era un estrato de Inglaterra enclavado en una tierra desconocida?

Las casas comienzan a nacer lentamente en las faldas de las montañas, los materiales: piedra, adobe, muros sólidos y gruesos, generan construcciones coronadas con techumbres de lámina inclinadas en varias direcciones, lámina que es el escudo contra la lluvia frecuente que cae en la zona. Las vigas de madera que atraviesan los espacios altos y que sostienen las techumbres, sensibles a la intemperie y la oxidación, y desde lejos, caminando por las veredas curvas y graciosas, las casas lucen iguales y dotan al amplio espacio de una naciente peculiaridad. Las casas resguardan a sus habitantes. Adentro, se respira un ambiente diferente, circundado por humedad y toque de calidez humana, hacia fuera, las ventanas, apoyadas por balcones que miran hacia el horizonte enmarcan hermosos paisajes bañados por el sol de mediodía. Y ahí, en el interior de cada vivienda, existen hasta hoy esos espacios de los que nos habla Bachelard [10], que cobijan y protegen: los rincones. La casa es en sí un rincón en el que las tardes transcurren lentamente mientras se desvela la quietud del exterior y el sol se oculta pacientemente en el horizonte. Los muros parecen resguardarnos del peligro del afuera. La penumbra interior se extiende por doquier, y nos invita a meditar y buscar en nosotros mismos. Los muros parecen cerrarse en torno a nuestros cuerpos, y el silencio nos envuelve por completo mientras los cantos de los pájaros lentamente se desvanecen en la oscuridad que avanza. Rincones interiores que han nacido y que se niegan a morir y sucumbir al frío del olvido.

Los rincones cobran vida propia, y huyen de repente de las viviendas, es decir, salen a habitar espacios exteriores ¿escaparán acaso por las ventanas amplias que miran hacia el vacío? En Real del Monte cada casa es un contenedor de rincones, y entre las viviendas también se han desperdigado otros rincones. Amplias escaleras y callejuelas de piedra comunican a las viviendas, y forman nuevos espacios que son rincones en donde los ecos de los niños pueden escucharse al anochecer. Y me pregunto entonces ¿acaso esas risas son todos los niños que han jugado en ellos por más de cien años? ¿Qué habrán imaginado en esos rincones? ¿Hacia dónde habrán viajado y que hermosos parajes de Europa, África o Asia habrán visitado? ¿Acaso los niños ingleses habrán regresado imaginariamente a su amada tierra? Los rincones llaman siempre a nuevos conquistadores del espacio, se escurren por las noches a lo largo y ancho de ésta y de toda ciudad dormida, se adueñan del sitio, del lugar. Las casas son rincones de las ciudades, y entre ellas, y dentro de ellas existen rincones también. Deja que cada rincón susurre al oído y te lleve a dónde deseas ir.

En los rincones de Real del Monte descubrirás el mercado donde la gente converge, en las esquinas de las calles encontrarás locales confortables, entra en ellos y el olor de un paste caliente te poseerá y te invitará cordialmente a pasar, sigue las veredas altas de la ciudad y hallarás el cementerio inglés en el que sus árboles altos enmudecen al caer de la noche y se transforman en tétrico cobijo. Y la niebla que desciende pacientemente y otorga a cada sitio un carácter de privado, donde puedes penetrar y convivir con la soledad que te acompaña, y a la que rara vez escuchas. En Real del Monte, deja que el rincón te llame y despierte tus sentidos y tu imaginación, permite que cada sitio te transporte, cual alma de niño, a lugares que hace tiempo no visitas, no conoces o simplemente no recuerdas. Las palabras de Bachelard podrán guiarnos en esta travesía: "A veces, cuánto más simple es la imagen, más grandes son los sueños" [11].

A mi mente llegan entonces recuerdos de un espacio en particular ubicado en esta población repleta de rincones. Un sitio que descubrí hace muchos años y que solía visitar en tardes lluviosas y tristes, en compañía de amigos lejanos; una fonda típica enclavada en una esquina y cuyo interior representaba un sitio de aislamiento, donde las pláticas despreocupadas y amenas encontraban una razón para existir. Muebles antiguos que invitan a dejar pasar el tiempo, ambiente acogedor que expresa los cientos de años transcurridos pacientemente. Vigas de madera oscura que aún penden del techo, ventanas que asoman hacia la iglesia y el parque que se levantan más allá, enmarcados por las viviendas tradicionales y el cielo alto cubierto de nubes grises. Aroma a café y a comida recién horneada. Arriba, en la segunda planta, un sitio especial para juegos de mesa, cuyo suelo de madera cruje con cada paso que las personas dan. Muros que encierran y acogen, invitándonos a la reflexión, ecos interminables que lentamente se apagan, sonidos que parecen ser extraídos de las paredes, que han sido testigos de conversaciones de cientos de años de antigüedad y que nos escuchan, atentas. Antigüedad que flota en el ambiente, dónde el tiempo parece detenerse, y el atardecer se prolonga indefinidamente; murmullos de personas que arriban. De vez en cuando aguardamos la llegada de algún personaje antiguo y lejano, nos reímos de nuestra ingenuidad. Las luces tintinean poco a poco y alumbran la penumbra que se niega a marcharse, mucho tiempo ha transcurrido desde que visité ese sitio por última vez, pero su recuerdo permanece en mí, viviendo conmigo. Su imagen me acompaña, espacio que no se olvida. Cada uno de nosotros encontrará recuerdos similares que aún existen en nuestro interior, espacios que de alguna u otra manera se han convertido en parte de nosotros, cada espacio arquitectónico es una invitación para penetrar en él. Y la invitación permanece abierta, cada quien encontrará un rincón que ha sobrevivido al paso de los años.

La esencia de la arquitectura

El hombre como simple constructor, lejos de la voluntad creativa, se ha planteado que uno de los principales aspectos que ha orillado un distanciamiento entre hombre y arquitectura es la evolución del arquitecto y su desempeño dentro de la vida en las ciudades. El hombre es un ser vivo dotado de peculiares dones y capacidades. Su principal característica es su habilidad racional, que lo ha llevado a transitar por caminos completamente diferentes que el resto de los seres vivos. Sabemos de antemano que la arquitectura, rama que nos interesa en este ensayo, surgió como una necesidad que se buscaba ser resuelta. La capacidad racional del hombre le dotó de la habilidad de adaptar los medios naturales existentes en los alrededores, permitiendo la creación del concepto espacio, que siglos después, cuando el lenguaje del hombre hubo evolucionado hasta altos niveles de abstracción, surgió como base para nombrar y diferenciar las actividades arquitectónicas de todos los seres humanos con respecto a otras. Hemos analizado como la vida y el punto de vista del hombre de nuestros días han sido transformados e influenciados lentamente por distintos aspectos. Una búsqueda y una meta: alcanzar el desarrollo y una evolución, traducida en mejoras en la calidad de nuestras vidas. La hipótesis: la arquitectura se ha convertido en simple satisfacción de necesidades por medio de la construcción.

¿Qué es lo que ha sucedido en la vida social de nuestras ciudades que nos ha llevado al lugar en donde nos encontramos ahora? Un análisis de la esencia de la arquitectura, nos permitirá comprender la situación. La arquitectura es una vaga palabra que ha encerrado a través de los siglos, la conjunción de varios elementos que definen las actividades que los hombres realizan para la satisfacción de necesidades de habitabilidad. Pero la arquitectura es mucho más que esto, su campo de acción y jurisdicción abarca de igual manera aspectos estéticos y necesidades más altas que las simplemente biológicas. Las obras arquitectónicas penetran, por lo tanto, en la esfera cognoscitiva de la *Estética*: término que reúne aquellas características o aspectos que debe poseer una obra arquitectónica para ser considerada como bella, bajo el supuesto de que la arquitectura forma parte del campo de las Bellas Artes, y no sólo existe como medio de satisfacción de necesidades básicas de los seres humanos.

La estética es un concepto que desde la antigüedad ha sido utilizado para hacer referencia a los diversos aspectos que debe contener un objeto para ser relacionado con el arte, y por lo tanto, con la belleza. Las formas sensibles de las cosas son percibidas por nosotros (de acuerdo a las leyes de los escolásticos) por lo que se conoce como sentido común. Las formas exteriores o apariencia de las cosas que se presentan ante nosotros se conservan y permanecen gracias a la memoria y a la imaginación del ser humano. El instrumento estético por excelencia es el juicio o la razón. Los objetos nos gustan o disgustan debido a la sensación visual que actúa como intermediaria. La vista es el sentido estético por excelencia, mientras que el resto de los sentidos están de alguna manera excluidos. En arquitectura se ha tomado esta idea como supuesto, y en base a ella se dice que son las sensaciones de la vista las que nos permiten asimilar las impresiones estéticas que el objeto contiene. Pero es la razón la capacidad responsable de generar y comprender aspectos estéticos, dicho juicio o razón puede ser influido por aspectos culturales que rodeen al hombre que realiza las valoraciones estéticas. Dentro del concepto de Estética, el arte conforma aquél instrumento por el cual los seres humanos (autores de obras artísticas -arquitectónicas-) transmiten sentimientos a las personas, por medio de la memoria y la imaginación, influida por costumbres, tradiciones y aspectos propios del modo de vida humana. La estética puede dividirse en dos vías estimativas: la natural (juicio natural) y la cognoscitiva (juicio racional). El ser humano, como cualquier ser viviente, es capaz de experimentar juicios naturales, pero es el único ser que puede experimentar juicios racionales, es decir, ser capaz de sentir, frente a un objeto, placer por considerarlo bello. La belleza es, por lo tanto, un producto meramente intelectual.

La arquitectura, entonces, satisface necesidades propias del espíritu del hombre. La belleza es un concepto que define aquello que agrada a los sentidos, y que de alguna manera permanece con fuerza unido a la vida comunitaria de los seres humanos, traduciéndose físicamente en formas y símbolos que complementan las obras arquitectónicas surgidas de las mentes y manos de los hombres. Sin embargo, los valores estéticos han sufrido al paso de los años, el predominio de un solo juicio y valor: los cánones clásicos, derivados de la cultura griega antigua. Cada pueblo, ubicado en cada tiempo y en cada lugar específico, se ha desarrollado en una vida distinta y única. Cada grupo humano busca no sólo satisfacer sus necesidades inmediatas, sino encontrar la verdad que encierra el mundo que le rodea, todas y cada una de las obras arquitectónicas pertenecientes a cada cultura humana es una expresión de dos aspectos: las necesidades biológicas de la comunidad y sus costumbres, tradiciones y valores sociales, reflejados en formas estéticamente comprensibles. En el último Siglo, las formas clásicas han jugado un papel fundamental en la valorización y crítica de las obras arquitectónicas, determinando aquello que es universalmente bello y aceptable, de aquello que no lo es. Este punto de vista ha generado que los elementos que conforman a la arquitectura se fragmenten y separen. En cada sitio y en cada pueblo, las consecuencias y expresiones de esta ruptura son diversas. Hemos visto la situación en nuestro país: inferioridad y copia de aquello que creemos bello y verdadero. Sin embargo, detrás de este primer juicio, puede hallarse un aspecto oculto, olvidado hasta ahora, juzgamos veloz e injustamente la situación, un panorama más complejo y amplio nos permitirá conocer y comprender aquello que se oculta detrás de la arquitectura que mira hacia el pasado clásico para existir [12].

La arquitectura, al igual que el resto de las ciencias y los conocimientos del hombre, han sido cubiertas por la búsqueda de la verdad, una búsqueda que desemboca en principios y valores universales. La ciencia del hombre se ha planteado como objetivo desde hace mucho tiempo encontrar el orden y los principios que rigen todas las cosas. Teorías han surgido, ido y venido por el mundo, cada una de ellas asegurando poseer la verdad absoluta. El hombre sólo busca comprender para anticiparse y controlar, hoy nos damos cuenta, muy a nuestro pesar, que eso no es posible, muchas teorías se han debilitado y caído, no por la carencia intelectual de sus autores (el hombre lo mide todo por su capacidad racional) sino por lo cambiante del mundo que nos rodea. La arquitectura no podía ser la excepción, su objeto de estudio, aquél a quien sirve y satisface es al fin y al cabo el hombre mismo. Los análisis científicos de las últimas décadas nos han demostrado que el mundo se mueve sin cesar y cambia constantemente, existe caos e incertidumbre, que posee su propio orden paradójico. Los esfuerzos del hombre por clasificarlo y racionalizarlo todo han sido inútiles, la naturaleza posee su propio orden, el caos y la incertidumbre son elementos necesarios para lograr el orden y permitir el surgimiento de sistemas estables [13].

La arquitectura ha intentado vanamente encontrar un orden universal y eterno, y tal vez el dominio de los cánones clásicos fue una fiel expresión de dicho objetivo, esta es respuesta y vida de los seres humanos, quienes, a su vez, son seres que cambian, evolucionan y transforman sus conductas y sus puntos de vista. Una mirada profunda a obras arquitectónicas pasadas nos harán descubrir esta voluntad creativa, que se encuentra siempre presente y que se manifiesta de diversas formas [14]. Los pueblos de la antigüedad se caracterizaron por lograr una armonía con la incertidumbre y el caos, valiéndose de relaciones míticas profundamente valoradas y respetadas por los pueblos. La voluntad creativa fue una capacidad desempeñada con sumo cuidado, buscando siempre satisfacer cualquier tipo y nivel de necesidad: biológica, social, espiritual. Hoy en día, nuestro vano punto de vista lo ha transformado todo, muchas ramas de conocimiento han aceptado sus límites frente a lo caótico, considerándolo no como negativo, sino como la forma de ser del mundo y el hombre pertenece a este sistema. La verdad amplia y con desesperación buscada, ha sido un concepto erróneo y mal interpretado, ya que "la verdad es, […] algo que se vive en el momento y que expresa nuestra vinculación individual con el todo"

[15]. La verdad no es absoluta y estática, sino que se encuentra en cada uno de nosotros, al romper con el abstraccionismo que impera en nuestra mente, y descubrimos aquello que nos rodea como lo que en realidad es algo nuevo y por primera vez visto por nuestros ojos.

La arquitectura responde al hombre, cada obra arquitectónica encierra sus propios vórtices y aspectos caóticos, cada ser humano es distinto y diferente al resto. La arquitectura no puede ser encerrada nunca en valores estéticos universales, porque cada tiempo, cada espacio y cada lugar hablan de hombres que viven y miran al mundo con distintos ojos. Y la creatividad es una manera de penetrar en el caos para descubrir la verdad. El arquitecto de los últimos años lo ha olvidado, se ha convertido en ese hombre que sólo soluciona necesidades del estrato más superficial, independientemente de las formas arquitectónicas finales, cada obra posee dentro de sí, estratos más profundos y ocultos, valores, costumbres, tradiciones, maneras de responder al caos y a la incertidumbre y la duda. Aspiraciones míticas, políticas o sociales, cultos y homenajes. Pero ¿qué es lo que alimenta a la creatividad? "Algunos lo llaman demonio, musa, espíritu, genio; otros lo nombran trabajo, azar, inconsciente, razón. Para el intelectual – y, también, para el hombre común – la inspiración es un problema, una superstición o un hecho que se resiste a las explicaciones de la ciencia moderna" [16]. Los arquitectos de hoy se valen de la técnica útil y eficaz, buscan clasificarlo y ordenarlo todo, por medio de la repetición de procedimientos que se perfeccionan o degradan, dan la espalda al caos y a la incertidumbre, al trasfondo colectivo y a lo profundo y cambiante que impera en los hombres y se han vuelto simples constructores.

Sobre la plaza de los Héroes en Pachuca, una aproximación a su voluntad arquitectónica generatriz

"Lo único constante es la materia de la historia humana,
la suma de las energías humanas.
Pero la composición de sus factores particulares
y las formas manifestativas resultantes
son variables por modo infinito".
(W. Worringer, 1973).

Cada una de las ciudades en las que vivimos posee una historia pasada perdida entre las sombras del tiempo y el espacio. Son tantas las interpretaciones que se han hecho de las formas arquitectónicas que nos acogen a nuestro alrededor, que pareciera que su esencia original flota en el ambiente de manera vaga, hasta desvanecerse por completo en el olvido. Cada interpretación y cada análisis toman como punto de partida datos específicos y verdaderos. Fechas de concepción y construcción, lugares geográficos concretos, autores y grandes mentes inspiradas cuyas ideas magníficas fueron cuidadosamente escritas y esculpidas en aquellos bloques magnos de piedra, en cada una de las grandes moles de concreto, y en cada gruesa y elevada pared que se levanta hacia el alto cielo. Datos históricos que parecen ser los únicos testimonios fieles del nacimiento de cada obra arquitectónica, sin embargo, cada obra se incrusta en el tiempo infinito, debiendo su existencia física a cientos de manos humanas que depositan en cada bloque de piedra, mole de concreto y sólida pared, sus propios sueños e ideales que se pierden y confunden en la inmensidad del proceso de construcción. Una parte de la propia vida de cada hombre permanece ahí, integrándose en las formas arquitectónicas finales.

La historia de las ciudades se encuentra escrita sólidamente en la arquitectura, como las palabras se adhieren con fuerza al pergamino que las contiene. Un sitio histórico he hallado cerca del centro de la ciudad de Pachuca, una plaza imponente que ha subsistido al transcurso de los años, de la llegada de la modernidad y al ágil y violento paso de los hombres que la viven día con día. La historia nos muestra sus autores, las ideas concebidas por sus mentes brillantes, así como las razones políticas de su construcción, sin embargo, existe algo más profundo detrás de este primer contexto. El sitio, conocido como Plaza Juárez, ha sido una obra heredada del siglo XX, concebida y realizada en el año de 1957, bajo la batuta política de Quintín Rueda Villagrán, buscando afanosamente un elemento de identidad nacional que otorgara valor al nuevo espacio. Un análisis profundo a la historia de la ciudad permite decidir sus elementos representativos, un rescate de aspectos históricos juega un papel decisivo en el diseño de la plaza y un homenaje al Presidente Benito Juárez García, por medio del genio escultor de su bisnieto Carlos Obregón Santacilia, dando sincero agradecimiento por haber acogido con respeto político el nacimiento del Estado y de la Ciudad: La ciudad de Pachuca, cuyo origen es indiscutiblemente minero. Una actividad que nos hizo ser descubiertos y apreciados, nuestra bandera blandida ante el país y el mundo durante el siglo XVI y XVII, y cuyo recuerdo se encuentra plasmado en el teatro conocido como Bartolomé de Medina, en honor al minero sevillano que nos otorgó fama y fortuna.

La Plaza, así, se convirtió en un sitio cívico no sólo para la nueva organización de la ciudad tras la muerte y desaparición del ferrocarril, sino como un centro de reunión para el respeto político ejercido por el pueblo. Años después, en el inicio de la década de los setenta, el Palacio de Gobierno encontraría en este lugar, la ubicación apropiada para sus funciones. Por último, un enorme parque coronaría el destino de la plaza: La Rotonda de los Hombres Ilustres, un intento de inmortalizar y rendir homenaje a todos los hombres en cuyos esfuerzos se hizo posible la creación y consolidación de la ciudad. Nombres como: Manuel Fernando Soto Pastrana, Alfonso Corona del Rosal, Guillermo Rosell de la Lama. Las formas arquitectónicas presentes en el sitio pueden ser interpretadas de acuerdo a la guía firme de fechas y eventos históricos, la escultura de Benito Juárez, con su pesadez y sus formas robustas y gruesas, propio de la tendencia revolucionaria de la escultura de principio de siglo, en su búsqueda de una identidad sinceramente mexicana. El Teatro Bartolomé de Medina, copia del teatro original que se ubicaba en otra parte de la ciudad, y que fue demolido por serios daños sufridos por las inundaciones que azotaban la zona, con sus formas arquitectónicas eclécticas: sólidos arcos de medio punto, un sobrio y elegante frontón coronando el sutil acceso, columnas bañadas de estilos clásicos, pilastras simples y cornisas y ménsulas como frío ornamento, y una solidez y firmeza apoyada por bloques blancos de cantera hermosa. Formas arquitectónicas cuyo objetivo era lograr concepciones altas y repletas de buen gusto, imitando el estilo clásico imperante en la arquitectura de Europa.

Tal vez las formas presentes en la Plaza sean hermosas y del buen gusto de la época que las vio nacer; y en ello, son sólo producto de una mentalidad estética que ha encontrado en la cultura clásica su aposento satisfactorio y seguro. Worringer lo ha descubierto ya: lo que llamamos estética científica no es, en el fondo, otra cosa que una interpretación psicológica del estilo clásico [17]. Como bien nos dice Worringer, por mucho tiempo hemos valorado y juzgado cruelmente, a las obras arquitectónicas por su fiel acercamiento a los aspectos arquitectónicos clásicos, olvidando que la arquitectura es más que una simple apariencia sobria y vana: es el reflejo de nuestra propia vida humana. En efecto, existe una voluntad artística, aquello que es en verdad la expresión de lo humano local, y que hace posible el milagro de la concepción arquitectónica, más allá de las formas tangibles que nuestros sentidos perciben; así, cada grupo humano, cada ciudad, cada pueblo y cada cultura, podría ser revalorizada de acuerdo a sus sueños y sus fines comunitarios, aquello que reúne y afirma la colectividad y la unión social. Aun así, la Plaza Juárez, más allá de las simples formas aparentemente bellas y agradables a la vista, es reflejo sincero de algo más, un estrato profundo y oculto, pero ¿qué es lo que define aquella voluntad artística de la que hemos hablado? Las formas arquitectónicas varían, pero la voluntad permanece presente. Una Plaza, un espacio magno y abierto, libre de espacios religiosos pero no sagrados ¿Qué no acaso el respeto a los hombres y al pueblo no es sagrado y mítico también? Un lugar que despierta respeto y ofrece culto y homenaje a aquellos hombres valientes e ilustres que han sobrepasado la simple capacidad de seres humanos, que han ido más lejos, que han buscado y rebuscado entre la colectividad y entre los sueños ajenos, pero comunes y propios a la vez. Una voluntad emancipándose y encontrando medios de expresión. Indiferente a las formas, ¿cuál es aquello que nos ha definido, aquello que nos hace un pueblo único y distinto a los demás? La respuesta se encuentra tal vez, en espacios urbanos lejanos y distantes, pero cuya voluntad se expresa y sobrevive todavía, como lo es en este caso el espacio abierto, la plaza en sí.

En efecto, sólo algunos kilómetros separan a la ciudad de Pachuca de un complejo arquitectónico prehispánico. Una cultura mesoamericana enigmática cuyas obras arquitectónicas se distinguen por la compañía de monumentales columnas en formas humanas: los Atlantes. ¿Quiénes fueron semejantes personajes, o que papel desempeñaron en la vida de la ciudad antigua? Su existencia y su desempeño fueron suficientes para integrarlos a la arquitectura de la ciudad. Dos aspectos similares a los presentes en la Plaza Juárez surgen en este complejo arquitectónico antiguo y solemne: la búsqueda de la trascendencia de hombres, cuya temple y firmeza fueron elementos suficientes para rendirles honor dentro de la vida urbana de la ciudad enorme. El segundo aspecto se encuentra representado precisamente por esa monumentalidad característica que les otorga vida y presencia dentro de la imagen y vida misma de la ciudad. ¿Por qué guerreros, por qué rendirles homenaje a estos hombres? Esculturas talladas a imagen y semejanza de simples hombres reales, cuya fuerza quizá inspira o infunde profundo respeto. Homenaje, agradecimiento, figuras inertes que se alzan imponentes sobre el vasto horizonte. La idea, la misma que en el presente: escribir la historia de un pueblo por medio de seres humanos que trascienden la memoria colectiva, y de alguna manera maravillosa, se convierten en leyenda de los hombres, cuya imagen permanece más allá de nosotros mismos. ¿Qué no son estas figuras, en sus formas abstractas y simples, lejos de la perfección clásica, hermosas piezas que otorgan algún sentido a la ciudad existente? Respuesta a aspectos históricos y sociales de un cierto tiempo y espacio, reclamando inquebrantables su lugar en la valoración y estimación estética. Una voluntad que se manifiesta, siempre firme y decidida, indiferente a las formas perfectas clásicas inmensamente valoradas por los pueblos. El valor, la identidad y la fuerza de la arquitectura se presentarán de todas formas, de maneras inimaginables e infinitas.

La Arquitectura: Testimonio de un tiempo lejano y distante
En lo personal esta obra arquitectónica me ha cautivado. La conocí hace diez años, pero ahora, con una singular propuesta teórica para comprender de manera diferente la arquitectura, decidí ir a visitarla de nuevo para analizarla mejor. La reacción fue superior a la primera vez que la conocí, es una obra que pienso tiene todo aquello de lo que Hartmann habla en su libro, aunque la palabra escrita dice mucho más que la gráfica, me pareció necesario incluir

algunas fotografías para mostrar un poco de manera visual lo que describo en el siguiente texto. Se ha dicho tanto acerca de la arquitectura y lo que ésta debe representar dentro de la vida de los hombres, se ha hablado tanto acerca de sus cualidades y los fines que le dieron vida. Sin embargo, una de las más valiosas y firmes actitudes de la arquitectura es su permanencia en el tiempo, reflejando aquello que fue, y que continúa vivo dentro de sus confines, oculto tal vez a nuestra vaga y lejana mirada. He descubierto una obra arquitectónica bella no sólo por sus singulares y perfectas formas que trascienden al tiempo, sino por todo aquello que dichas formas y espacios reflejan, susurrando memorias de sucesos pasados.

Se trata de un convento que se concibió y comenzó a ser construido hacia el año de 1550, cuando los españoles comenzaban a llegar a nuestra tierra, acompañados de frailes cuya misión era evangelizar y enseñar al pueblo nativo la religión y los principios de la ortodoxia europea. Una magna obra localizada en el estado de Hidalgo, en un sitio conocido como Actopan, cuyo nombre deriva de la lengua náhuatl y quiere decir: "tierra gruesa, húmeda y fértil". Hoy en día, esta obra arquitectónica ubicada en Actopan, conocida como el ex convento de San Agustín de Hipona, se sabe que fue planeada y realizada bajo los mandatos de los frailes de la Orden de San Agustín. Una obra que aún mantiene viva dentro de su ser, algo enigmático y atractivo que revela el lejano pasado en el que nació y vivió. Para comprender un poco más acerca de lo que hay detrás o en el fondo de esta maravillosa obra de arquitectura, acudimos al filósofo ruso-alemán, Nicolai Hartmann, quien en su obra Estética, habla de aquello que es la Arquitectura: "De todas las bellas artes, la arquitectura es sin duda la menos libre: está doblemente atada 1) por la determinación de los fines prácticos a los que sirve y 2) por el peso de la fragilidad de la materia física con la que trabaja" [18]. Dos aspectos que la caracterizan y la delimitan. Sin embargo, de acuerdo con Hartmann, dicho aspectos generan en las verdaderas obras arquitectónicas, estratos, que muestran y se abren hacia el trasfondo que guarda la obra, es decir, la Arquitectura "deja aparecer una vida que está dentro de la construcción y de la que da testimonio" [19].

El ex convento al cual hago referencia posee dichas cualidades, y al conocer y vivir sus espacios, éstos hablan de una vida pasada, atrapada y fielmente reflejada en cada lugar y en cada forma. Si algo hemos aprendido, es que la arquitectura es el hombre mismo, y en ella plasma sus sueños, sus metas y sus ideales, de acuerdo a aspectos temporales y espaciales en cada punto específico de la historia. El primer estrato, la composición según el propósito se manifiesta por medio de la técnica constructiva elegida, obligada por la época y delimitada por la mano de obra disponible en el momento. Roca, piedra rígida y pesada, que fue diestramente maleable gracias a miles de manos del pueblo otomí, material que fue usado con cuidado, y que originó pesadez obvia, necesaria para demostrar la fuerza y el poder de los conquistadores, quienes eran dioses frente a las miradas nativas e inocentes. Sin embargo, algo más puede captarse en esas formas fuertes y sólidas: un propósito final.

La composición espacial nunca es en esta maravillosa obra una característica aplastada, minimizada o limitada por la técnica constructiva y el material que ésta incluye. El juego magistral de los espacios, sus configuraciones propias y sus distribuciones en el conjunto son únicos y sorprendentes, cada espacio se encuentra donde debe estar y donde debe ser. La monumentalidad magna del material usado no se hace presente en las celdas interiores y privadas del convento: espacios que invitan a la silenciosa meditación sin asfixiar nunca nuestras respiraciones. La fachada, pese a sus proporciones, no destruye al ser humano y lo obliga a alejarse, la capilla abierta, situada a un costado de la iglesia, con aquella inmensa forma de bóveda de cañón de diecisiete y medio metros de largo y doce metros de alto no hacen más que invitar a los seres humanos a acercarse y ser uno con aquella configuración espacial. De alguna peculiar manera, el conjunto buscaba imitar la grandeza divina tan temida por los indígenas, pero tan respetada por su capacidad de transformarse en hombre mismo, guardando una misma escala con los seres humanos, invitándolos a entrar en su misterio. Cada espacio es un antecesor necesario del siguiente, cada sitio y cada rincón se ubican de tal manera que respeta al anterior y al próximo, la iglesia, grandiosa y bella, situada junto a la capilla abierta que no hace más que complementar la invitación. La entrada noble al convento, para dar paso a un modesto vestíbulo que comunica al claustro y al jardín, bello y abierto al cielo.

La composición dinámica de la obra se refiere al dinamismo de las formas, externo a las limitantes del material elegido ¿Cómo puede ser posible que las formas presentes en este proyecto tan antiguo logren despertar en nosotros tanta admiración y respeto? El magno claustro, con sus arcos ojivales en planta baja, memorias del imponente Gótico, y los arcos de medio punto de la planta alta, reflejos del inmenso Renacimiento, existen unidos, uno frente al otro, en constante oposición, pero en única unidad, sin olvidar nunca la existencia del hombre mismo. Las humildes formas que enmarcan los pasillos y las habitaciones del interior del convento, las sencillas y vanas formas que conforman la alta torre de la iglesia. El mirador, ubicado sobre la breve entrada al convento, apenas enmarcado por pequeños arcos, pero en cuyo interior se alza una vista espectacular nunca imaginada. Los estratos anteriormente descritos son, sin embargo, sólo estratos exteriores de las obras arquitectónicas, estratos distintos a éstos son los que hablan en realidad de aquello que la arquitectura guarda en sus profundidades. Hartmann lo dice: "No toda obra arquitectónica posee los estratos más profundos del trasfondo, aquellos que dicen algo de la vida y del ser anímico de los hombres que las construyeron" [20].

El espíritu o sentido de la solución en la composición según el propósito es un estrato representado por el punto de vista didáctico que poseían los frailes en su búsqueda por la construcción del convento. No es casualidad que las formas arquitectónicas estén siempre acompañadas por el arte de la pintura, cuyos motivos muestran siempre el mismo tema: pasajes de las escrituras que buscan enseñar a los indígenas de la época, todos los aspectos propios del cristianismo. La capilla abierta posee un mural rico en imágenes con dicha temática, muchas de las pinturas que aún se observan hoy en día en los muros del ex convento muestran de igual manera los ideales de los cuales los frailes partieron, y a los cuáles deseaban fervientemente regresar. No es simple coincidencia que la vida de San Agustín de Hipona aparezca en un gran mural en la portería. San Agustín de Hipona, personaje crucial y base a partir del cual parte la Orden Agustina: hombre de fe, cuya fama cristiana lo recuerda y lo mantiene vivo. Pero el primer estrato interno no se basa en la pintura como aspecto único; todos los espacios arquitectónicos comparten de repente esta misma visión. Cuando se observa por vez primera la capilla abierta, uno permanece petrificado y admirado por aquel sutil efecto: el complejo impone, sí, pero en cualquiera de sus espacios la invitación permanece intacta y abierta: la meditación y la guía repleta de fe que envuelven nuestro espíritu. Este hecho liga de alguna manera nuestro segundo estrato interior: la impresión del conjunto de las partes y el todo. Cada espacio y cada rincón del convento comparten la misma magia, el visitante descubre de repente cuál es el propósito de aquél sitio: mostrarnos el camino a la verdad absoluta, al caminar por los espacios del conjunto, el efecto es siempre el mismo: fiel reflejo de valores y de preceptos que aún flotan en el aire, pero ¿a qué atribuirlo? a la penumbra que invade los espacios, al silencio infinito producto del aislamiento contra el mundo externo, a las formas vanas y simples del interior, a las formas pesadas y bellas de cada fachada, a la monumentalidad, a las pinturas. Se respira quietud y se perciben nobles, rígidos y valiosos preceptos, que han sobrevivido al paso del tiempo. La vida dentro del convento, la meditación y la búsqueda hacia valores más altos, todo ello puede sentirse, puede experimentarse en el interior. Una vida pasada que fue y que continúa siendo envuelta en los espacios arquitectónicos que traspasan el tiempo, el espacio y el olvido.

El último de los estratos interiores se devela entonces lentamente: la expresión de la voluntad vital y del modo de vida de los hombres. De súbito, al entrar a la iglesia alta y monumental; mientras se camina por el amplio y verde jardín del convento que mira al cielo azul; se entra en aquellos pasillos amplios y repletos de penumbra, con aquellas miradas delicadas al exterior enmarcadas con formas ovaladas y disformes, se reflexiona silenciosamente dentro de las celdas bellas y quietas del interior, o se experimenta una inexplicable sensación al permanecer en el centro del claustro, podemos ser capaces de comprender sólo por un instante el significado mismo de la vida de aquellos personajes tan antiguos y lejanos. Actividades que han sido inmortalizadas gracias a una sólida tradición, valores humanos que aún permanecen en silencio. La razón del ser que habitó aquellos espacios. Ser un fraile que vive de la meditación, la respira y la siente alrededor, firme a su misión evangelizadora, cuya causa es justa; luchar enseñando pacientemente el mundo civilizado en un nuevo mundo, ajeno y lejano del hogar querido. Un cielo azul distinto y distante del conocido, lidiar con costumbres nuevas y desconocidas. Ser padres comprensibles frente a creaciones desamparadas. La arquitectura cumple así con un fin: mostrar valores humanos emanados de una sólida vida basada en la tradición, los sueños y creencias puras. La arquitectura, que es reflejo del hombre mismo, y en cuyas profundidades se encuentra la verdad misma develándose.

Algunos aspectos a considerar:
Conclusiones
Debe existir un cambio en la actitud de los arquitectos, que permita un acercamiento con las personas que le rodean, quienes no comprenden los alcances que pueden generar adecuadas intervenciones arquitectónicas en sus modelos de vida. Es indispensable desarrollar métodos que nos permitan acercarnos a ellos, conocer y comprender sus necesidades reales, ya que muchas veces es difícil para ellos mismos tener ideas claras de solución o deseos específicos de lo que se quiere, ya que la cantidad de información y las influencias ideológicas no lo permiten. Los arquitectos, por su parte, deben observar y descubrir las necesidades reales, así como los aspectos culturales que rodean a la sociedad, la imitación no es el único medio de satisfacer necesidades espaciales, cada región posee características y aspectos propios que deben ser tomados en cuenta. La observación y la crítica deben ser dos herramientas indispensables en el quehacer arquitectónico, es difícil generar ideas y soluciones aptas, y comunicarlas a las personas que nos rodean, quienes emiten juicios. Siempre hemos tenido una falsa idea de crítica, y creemos que todo aquello que no elogia es ofensa, cuando la crítica en contra es la mejor manera de descubrir errores o puntos débiles.

Debemos considerar, antes de la imitación o la satisfacción de necesidades basadas en ella, la riqueza que posee cada sociedad. Octavio Paz lo expresa en su obra *"El laberinto de la soledad"*, las sociedades mexicanas están repletas de mitos expresados en ritos, de creencias y de elementos culturales diversos. Los mitos y las fiestas cumplen con un objetivo cultural específico: "El hombre, prisionero de la sucesión [de la vida cotidiana global], rompe su invisible cárcel del tiempo y accede al tiempo vivo: la subjetividad se identifica al fin con el tiempo exterior, porque éste ha dejado de ser medición espacial y se ha convertido en manantial, en presente puro, que se recrea sin cesar. Por obra del mito y de la fiesta [...] el hombre rompe su soledad y vuelve a ser uno con la creación. Y así, el mito [...] reaparece en casi todos los actos de nuestra vida e interviene decisivamente en nuestra historia: nos abre las puertas de la comunión" [21]. La fiesta y el mito son dos elementos culturales profundamente arraigados a nosotros, y muchas veces exigen la creación de espacios arquitectónicos propios para poder existir entre las actividades de los seres humanos [22].

Muchos de estos aspectos culturales, así como el desarrollo de una visión que permita comprenderlos, no son enseñados en las escuelas de Arquitectura. El modelo de enseñanza ha seguido un mismo modelo, descrito con anterioridad, que debe ser modificado para cumplir con otros fines. "Al hacer uso de la razón, podemos aprender muchas cosas necesarias para la vida. Cosas que vamos a necesitar para el trabajo, para manejar máquinas y aparatos, para poder expresarnos con propiedad, para enterarnos de lo que pasa y ha pasado en el mundo, para saber vivir en la sociedad. Es decir, con el desarrollo de nuestra capacidad de razonar vamos a adquirir toda una serie de conocimientos [23]. Estos conocimientos deben centrarse en el desarrollo de capacidades analíticas en los estudiantes, para que puedan observar, analizar y comprender el medio que les rodea, y ser capaces de generar propuestas adecuadas que satisfagan necesidades reales de habitabilidad. La Arquitectura conforma parte de la cultura que define a una sociedad, ya que permite el desarrollo de actividades clave de los grupos humanos a los que satisface. "La educación debe concebirse [...] como un esfuerzo de la vida misma que se defiende contra una civilización, la cual aparentemente prepara muy bien a los hombres para vivir, convirtiéndolos en autómatas perfectos, pero son voluntad, ni inteligencia, ni sentimiento; es decir, sin alma [24].

¿Cómo luchar contra la globalización y su inclusión en la Arquitectura? Es sabido que la situación de México obliga a la adopción de la tecnología y la modernidad como medio de progreso para el mejoramiento de los niveles de vida y la resolución de problemas de vivienda, pero, no debemos olvidarnos de aquello que es nuestro. "Tenemos que aprender a mirar cara a cara la realidad. Inventar, si es preciso, palabras nuevas e ideas nuevas para estas nuevas y extrañas realidades que nos han salido al paso. Pensar es el primer deber de la "inteligencia" [25]. Formas y soluciones arquitectónicas que utilicen a la tecnología y las nuevas técnicas generadas para solucionar problemas regionales, con necesidades espaciales definidas, aspectos y condiciones climáticas propias y una ideología específica. Es trabajo del arquitecto, observar, conocer y tratar de frente con la gente que solicita sus servicios, somos diseñadores de espacios, capaces de trabajar, al igual que otros tantos diseñadores de ramas diferentes, sobre usuarios generales, cuando diseñamos edificios de gran magnitud y escala, que albergan a cientos o miles de usuarios con una serie de características similares, pero no específicas. Pero trabajamos también sobre el diseño de espacios particulares, individuales, dentro de los cuales viven y se desarrollan seres humanos definidos y únicos. Fernando Martín Juez, señala que los diseñadores (incluidos por supuesto los arquitectos) deben ser capaces de comprender, asimilar y expresar las metáforas de los usuarios. Los arquitectos, yendo más allá, deben ser capaces de guiar y asesorar a los usuarios para el logro de espacios que realmente satisfagan sus necesidades, lejos de las vanidades de la moda o las formas temporales. El hombre, el ser humano, posee una característica que lo distingue del resto de los seres humanos: su raciocinio, que le permite poseer un sentido de distinción y clasificación.

El arquitecto debe, siguiendo con este planteamiento, desarrollar dos cualidades fundamentales: una visión participante (ser capaz de profundizar, comprender y tomar para sí la problemática planteada) y una imaginación (o creatividad) prospectiva (cualidad que le permite descubrir el mayor número de variables en una situación y prever su interacción y sus consecuencias). Pero lo más importante, debe ser capaz de desarrollar una capacidad que le permita compartir, expresar y convencer a sus semejantes sus ideas y sus planteamientos, basados en un análisis de acuerdo al espacio y tiempo específico sobre el que actúa. El arquitecto debe dejar de ser exclusivamente constructor, y regresar a un concepto de arquitecto ya olvidado: aquella profesión que mira al hombre como un ser capaz de generar espacios, de acuerdo a sus características y cualidades físicas, psicológicas y de orden social, sin olvidar conceptos y valores estéticos para ir más allá de una simple satisfacción de orden física.

Notas
1. Me refiero a "vivir" como una acción en la que hemos experimentado sensaciones agradables o desagradables, pero que permanecen grabadas en nuestra mente como algo significativo, que ha dejado en nosotros recuerdos que somos capaces de evocar.
2. Bachelard, Gaston. "La poética del espacio", México: Breviarios Fondo de Cultura Económica, 1997, p. 135.
3. Paz, Octavio, "El arco y la lira", México: Fondo de Cultura Económica, 2003, p. 20
4. Bachelard, op. cit., p. 131
5. Krieger, Peter, "La ciudad", ponencia para el Seminario de Área Contextos de la Arquitectura, México: UNAM. 2004.
6. Paz, Octavio, op. cit., p. 23.
7. Ídem.
8. Franco, J.E, "Extracto del Complejo de Nietzsche".
9. "Feria. Festejos de San Francisco", Apartado XI Monografía de Pachuca, Revista, Pachuca de Soto, Hidalgo: Gobierno del Estado de Hidalgo, 1987.
10. Bachelard, op. cit., p. 172.
11. Ídem.
12. Ver ensayo Sobre *"la plaza de los héroes en Pachuca, una aproximación a su voluntad arquitectónica generatriz"*.
13. Briggs, John, Peat, David, "Las Siete Leyes del Caos", Barcelona: Revelaciones, 1999.
14. Ver ensayo *"La Arquitectura: Testimonio de un tiempo lejano y distante"*.
15. Briggs, Peat, op. cit.
16. Paz, Octavio, op. cit.,
17. Worringer, W., "La esencia del Gótico", Argentina: Nueva Visión, 1973, p. 14.
18. Hartmann, Nicolai, "Estética", México: Universidad Autónoma de México. Primera edición en español, 1977, p. 147.
19. Hartmann, op. cit., p. 249.
20. Hartmann, op. cit., p. 252.
21. Paz, Octavio, "El laberinto de la soledad", México: Fondo de Cultura Económica. Tercera Edición. Segunda reimpresión, 2002, pp. 229-230.
22. Ver ensayo: "El mito como generador de espacios incomprendidos". Recuperado de http://www.geocities.com/jefrancowriter/arq.swf

23. Del Río, Eduardo, "El fracaso de la Educación en México", México: Grijalbo, 2001, p. 119.
24. Ramos, Samuel, "El perfil del Hombre y la Cultura en México", México: Colección Austral, Planeta Mexicana. Cuadragésima segunda reimpresión, 2003, p. 89.
25. *Ídem*.

Bibliografía

Bachelard, Gaston. "La poética del espacio", México: Breviarios Fondo de Cultura Económica, 1997.

Briggs, John, Peat, David, "Las Siete Leyes del Caos", Barcelona: Revelaciones, 1999.

Del Río, Eduardo, "El fracaso de la Educación en México", México: Grijalbo, 2001.

"Feria. Festejos de San Francisco", Apartado XI Monografía de Pachuca, Revista, Pachuca de Soto, Hidalgo: Gobierno del Estado de Hidalgo, 1987.

Franco, J.E, "Extracto del Complejo de Nietzsche".

Franco Flores Edgar, "la plaza de los héroes en Pachuca, una aproximación a su voluntad arquitectónica generatriz". Recuperado de http://www.architecthum.edu.mx

_____, "La Arquitectura: Testimonio de un tiempo lejano y distante". Recuperado de http://www.architecthum.edu.mx

_____, "El mito como generador de espacios incomprendidos". Recuperado de http://www.geocities.com/jefrancowriter/arq.swf

Hartmann, Nicolai, "Estética", México: Universidad Autónoma de México. Primera edición en español, 1977.

Krieger, Peter, "La ciudad", ponencia para el Seminario de Área Contextos de la Arquitectura, México: UNAM. 2004.

Paz, Octavio, "El arco y la lira", México: Fondo de Cultura Económica, 2003.

_____, "El laberinto de la soledad", México: Fondo de Cultura Económica. Tercera Edición. Segunda reimpresión, 2002.

Ramos, Samuel, "El perfil del Hombre y la Cultura en México", México: Colección Austral, Planeta Mexicana. Cuadragésima segunda reimpresión, 2003.

Worringer, W., "La esencia del Gótico", Argentina: Nueva Visión, 1973, p. 14.

86

La arquitectura desde las Humanidades: Reflexiones en torno al espacio escultórico de Ciudad Universitaria

SOFÍA CONSTANZA FREGOSO LOMAS

"¿Qué es lo que da sentido a nuestra presencia en la tierra?...
"No hay sentido: hay búsqueda del sentido" [1].
(Octavio Paz, 1999).

Introducción

Este trabajo pretende contribuir al acercamiento de la arquitectura con las humanidades, mostrando un análisis del Centro del Espacio Escultórico de la Ciudad Universitaria desde una perspectiva Humanística. Lo que nos reúne en este seminario ciertamente son cuestiones de arquitectura, pero me atrevo a sugerir una revisión profunda de la escultura, como ya hemos hecho con la poesía, siendo que ambas son hermanas de nuestra disciplina y diría yo, debieran ser de condición simbiótica. Por lo tanto, aunque éste no sea un ejemplo arquitectónico, estaremos de acuerdo en que hacer una radiografía de este mágico lugar desde una perspectiva humanística descubriremos conceptos interesantes del manejo del espacio, de los volúmenes, de la naturaleza, del contenido de las formas, como expresión mítico-ritual, de la filosofía, del contexto socio-histórico, de la poesía y de la identidad. Y ¿por qué una escultura como punto de encuentro? Entre otras razones, considero que la gestación de objetos arquitectónicos y escultóricos, presentan semejanzas fundamentales entre ellas. Ambas producen entidades tangibles, es decir, con masa y peso que son perceptibles a través del sentido del tacto, ambas son materialmente tridimensionales y, por otro lado, manejan con la misma intensidad (quizás no con la misma intención) el concepto del espacio.

Lo confinan, existen en él y forman parte de él. Así, pues, los escultores con la poesía nos dicen que "la escultura es un arte del espacio, se relaciona con el sol, las estrellas, la lluvia y el tiempo" [2] y de la misma forma el arquitecto italiano Bruno Zevi define la arquitectura como el "arte del espacio". Desde luego, siempre podemos considerar la arquitectura como el "arte del espacio" en el sentido de que hay que conferir un determinado carácter (cualidad) a un determinado lugar (localización). Pero es importante recalcar que este carácter puede ser independiente de la forma del espacio y ser, más bien, resultado de la concurrencia de ciertos motivos simbólicos" [3]. La escultura es en sí misma un símbolo que abiertamente existe en ese espacio, una entidad protagónica, o humildemente revolucionaria. Teniendo semejanzas de principio, me atrevo a introducirme en la figura mítica del espacio escultórico, pero sabiendo antes ¿qué es?, ¿por qué? y ¿quién lo concibió?

El Centro del Espacio Escultórico, lo que nos pueden decir sus creadores

Un ejemplo de la materialización de una visión humanística en la arquitectura definitivamente es la construcción de la Ciudad Universitaria. En 1950, en la Ciudad de México, se iniciaron las obras de la nueva Ciudad Universitaria, al mismo tiempo que se iniciaba un proyecto de unir, en este centro geográfico de América, lo indolatino con lo angloamericano y realizar en nuestro territorio la síntesis básica continental, que consiste en ligar al humanismo de la cultura clásica con el saber científico y dinámico de la época. Más tarde, para conmemorar el 50 aniversario de la Autonomía Universitaria se hizo la magnífica propuesta del diseño y construcción del Centro del Espacio Escultórico en Ciudad Universitaria. ¿Sólo el centro?, el centro fue el principio geográfico y metafórico del nuevo proyecto de la universidad. Los escultores que participaron en el proyecto y construcción del Centro del Espacio Escultórico, Federico Silva, Manuel Felguérez, Helen Escobedo, Mathias Goeritz y Sebastián buscaron para el diseño apoyos tanto en la tradición como en la vanguardia de nuestro país logrando darle un carácter geométrico y monumental que lo incorporaba a la tradición del arte público. Su forma sería consecuencia de una búsqueda de rasgos comunes entre nuestro arte actual con estilos y conceptos formales del arte en las culturas prehispánicas. El proyecto escultórico debería ser fruto de una concepción de arte como investigación, como extensión de la cultura y como compromiso con la realidad social. El Centro del Espacio Escultórico debería estar vinculado en su función con la que desempeña el Centro Cultural de la Universidad y ser a la vez que un área de encuentro un espacio de investigación. El Centro del Espacio Escultórico estaría plenamente integrado al paisaje por el libre uso imaginativo de los elementos escultóricos, de la botánica y de la petrografía.

El Centro del Espacio Escultórico sería una escultura circular de 120 metros de diámetro, compuesta por la suma de 64 módulos, sobre un anillo circular de piedra que contiene un mar de lava de la que hemos decidido eliminar la tierra y con ella todo rasgo de vegetación. Tendría un comprometedor fin estético, la contemplación se haría desde su perímetro como desde su interior y cambiaría a su vez el concepto tradicional de escultura por el de Espacio Escultórico. Este Espacio Escultórico estaría rodeado por un jardín ecológico, en estado natural. A través de la forma se quiso vincular conceptualmente la obra con la cultura de Cuicuilco, situada a poca distancia, pretendiendo así hacer del lugar, un verdadero centro de tradición incorporado a un presente en constante cambio.

El mito en la arquitectura, un ejemplo en la escultura

En la arquitectura religiosa es más claro vislumbrar la presencia del mito, pero lo cierto es que la religión no es condición para que exista el mito en la arquitectura. El Centro del Espacio Escultórico es una interesante propuesta desde la escultura del manejo del espacio, con un origen conceptual en el pensamiento mítico. Es interesante como arquitectos encontrar espacios que nos lleven a la comprensión de este concepto. Desde el momento en que esta escultura pretendió hermanarse formalmente con el Centro Ceremonial de Cuicuilco, adquirió significaciones mágico-religiosas que este centro religioso tenía de antemano. Cuicuilco fue un centro ceremonial Nahua cuyo nombre significa «lugar de rezos» o «lugar del arcoíris» [4]. Cuicuilco es reconocida como la parte de la más vieja civilización en la porción central de Mesoamérica. La concepción humanística de la antigua cultura nahua, tuvo eco en el diseño del Centro del Espacio Escultórico de la Ciudad Universitaria, retomando en principio la forma circular en el trazo, pero fundamentalmente la visión universal de un pensamiento dialéctico: somos parte del universo y a la vez síntesis de todas sus formas y manifestaciones. El círculo es unidad, infinito, eternidad, continuidad. ¿No es acaso ésta la expresión fehaciente

Sofía Constanza Fregoso Lomas

del mito en la arquitectura ceremonial religiosa?, ¿no es también, la intención de incorporar estos conceptos a la creación del Centro Escultórico un intento por recuperar esa cualidad y calidad del pensamiento humano de ser universal, de todos y para todos? ¿No es maravilloso darse cuenta de lo importante de compartir un conocimiento, de reconocer que no tiene un solo dueño: ni la iglesia ni el estado... todos podemos acceder a él, y por lo tanto tenemos el compromiso de compartirlo? El mito tiene una función en la vida social y cultural del hombre, «lo mismo que la poesía y el arte, el mito es una forma simbólica, y una característica común en todas las formas simbólicas es la de ser aplicables a cualquier otro objeto» [5]. La escultura utiliza un lenguaje simbólico perceptible en un acto ritual (el cual puede consistir solo en hacer un simple recorrido para su contemplación) y si el mito se expresa con actos emotivos o rituales, la escultura es una forma de expresión del mito.

La escultura propicia la experiencia del rito, y a través de la apropiación contemplativa de esta nueva experiencia ritual (que el escultor ofrece al contemplador) puede revivirse un antiguo mito, como solían irradiar en torno suyo un poder mágico las grandes obras sacras del pasado. En la experiencia del Centro del Espacio Escultórico el espectador no solo es contemplador, sino que tiene una participación en él caminando por entre las formas y permaneciendo el tiempo deseado. Así, la vivencia sensitiva puede ser más intensa que con la simple observación de los volúmenes, de la lava salvaje o del entorno natural. Pero vayamos más adentro en la concepción que sobre el mito, Ernst Cassirer nos puede ofrecer. Dado que el mito, la historia que está detrás del rito, muchas veces se queda guardada en la memoria de los hombres, y las nuevas generaciones sólo participan en los actos y canalizan sus emociones en éstos «se ha puesto de manifiesto que el rito es un elemento más profundo y mucho más perdurable que el mito en la vida religiosa del hombre» [6]. La experiencia en un espacio escultórico definitivamente es un acto ritual. ¿Qué se celebra, qué se busca en ese recorrido?... quizás un encuentro con nosotros mismos. Cassirer nos dice que el mito se expresa a través de los actos emotivos, rituales, y que «lo que se manifiesta en ellos son tendencias, apetitos, afanes y deseos; no simples «representaciones» o «ideas». Y estas tendencias se traducen en movimientos —en movimientos rítmicos y solemnes, o en danzas desenfrenada— [7]. Y estos ritos, todas estas manifestaciones corpóreas se llevan a cabo en algún lugar el cual puede ser un sitio natural (salvaje) o bien alguna construcción hecha por el hombre para esos fines o adaptada para ello. El lugar al que me refiero juega un papel importante dentro de dichas manifestaciones porque contiene o determina el espacio físico en el cual se llevan a cabo. De otra manera no nos daríamos cuenta de ellas porque es condición de que el rito, para ser rito, debe ser expresado corporalmente y para ello necesita hacerlo con los pies en la tierra. Nuestro baile ritual entorno a la lava volcánica describe un movimiento circular, en apariencia sólo como agradecimiento por la vida o recordar lo grandioso que es tenerla frente a nosotros.

En términos generales, el lugar es y ha sido tema de discusiones acerca de la contextualidad de la arquitectura que de alguna forma manifiesta en ella: reconociéndolo, desafiándolo o ignorándolo. Pero si oímos a un escultor en su «qué hacer» tiene quizás ese proceso menos fines pragmáticos y, diluyéndose las categorías de funcionalidad y habitabilidad, pareciera que se acorta la ruta entre la materia prima y su «voluntad artística», pero de toda suerte es indispensable que el escultor abra los sentidos ante todas las manifestaciones de energía que cohabitan en este universo, solo entonces «la escultura surge de dentro hacia afuera, es claro obscuro, luz y sombra, y su contacto espacial está relacionado con el campo magnético, con el movimiento de la tierra y con el espectador. El entorno geográfico e histórico es parte del espacio al que pertenece la escultura» [8]. El Centro del Espacio Escultórico es un homenaje a la vida, es una ofrenda de formas y símbolos inserta en un entorno natural, casi salvaje, que nos remite a la importancia de cuidar la ecología sorprendiéndonos con su belleza. Los símbolos en todos los niveles socioculturales en donde el hombre se desenvuelve nos remiten a algo: una idea, un sentimiento, un lugar; pero los símbolos a su vez son resultado de una expresión. Es una respuesta humana a un impulso emocional. Para sustentar la necesidad de insertar símbolos en el espacio vivencial del hombre por el hombre mismo como recurso canalizador de emociones, es importante primero decir, en palabras de Cassirer, que el hombre no es el único ser capaz de expresar emociones, pero si es único

|Sofía Constanza Fregoso Lomas

cuando se trata de sintetizarlas en un lenguaje de símbolos, «el hombre ha descubierto un nuevo modo de expresión: la expresión simbólica. Este es común denominador de todas sus actividades culturales; del mito y de la poesía, del lenguaje, del arte, la religión y la ciencia» [9].

Entiendo entonces que el espacio físico en el cual se desarrolla el rito en general, en sí mismo contiene significados, porque es un símbolo resultado de una necesidad de manifestar emociones o canalizarlas. El elemento arquitectónico puede ser ese espacio físico o formar parte de él. El Centro del Espacio Escultórico, el cual es en sí mismo un símbolo, surte un efecto calmante de identificación y a la vez de personalización de la comunidad universitaria. «Es un hecho conocido que toda expresión de una emoción tiene un efecto calmante. Un puñetazo puede ablandar nuestra ira; el llanto puede aliviarnos de la aflicción y la pena... una vez desaparecida, la emoción ha terminado sin dejar ningún rastro permanente. Pero cuando nuestras emociones las expresamos mediante actos simbólicos, el caso es completamente distinto. Tales actos tienen, como si dijéramos, un doble poder: el poder de ligar y de desligar la expresión simbólica no significa extenuación, sino intensificación… En el lenguaje, en el arte y la religión, nuestras emociones no se convierten simplemente en actos; se convierten en «obras» [10]. El Centro del Espacio Escultórico como objeto escultórico-arquitectónico que pretende resolver (y creo que lo logra de manera ejemplar) necesidades de significación y arraigo de la universidad al sitio histórico y físico. Este centro es un magnífico ejemplo de la materialización de las necesidades emocionales y simbólicas que son inherentes al desarrollo cultural del hombre. A continuación menciono algunas que a través de la historia del arte y arquitectura modernos en México, se fueron dando en los ámbitos sociales, culturales y científicos y definieron el carácter contundente de esta propuesta escultórica-arquitectónica.

Universo y Universidad.
En el universo, ser hombre y entender lo que ello significa es el destino más alto, porque el hombre es el único ser capaz de

observar y discernir la pluralidad de las cosas y darles una unidad en su conciencia. El hombre, único ser consciente del universo, es, sobre todas las cosas, síntesis, índice de universalidad, de universidad. Universo y universidad son unidad en la diversidad. De aquí pues que la universidad represente nuestro más íntimo y elevado destino. Para nosotros, la universidad significa integrar en cada uno el anhelo de la comunidad, e integrar en la tarea común la labor, el pensamiento y las aspiraciones de cada uno. En cada época de la historia el concepto de universidad ha dependido de la idea del cosmos de esa misma época. Para estructurar física y espiritualmente la universidad de hoy, debemos basarnos en la concepción actual del universo» [11].

Un concepto de transformación.
El arquitecto Carlos Lazo, cuando fungía como gerente general de Ciudad Universitaria, comprendió que la universidad necesitaba de estar en un nuevo espacio, anteriormente ésta ejercía funciones en edificios aislados y no había unidad… el concepto de universalidad quizás cojeaba en ese aspecto. La existencia de un nuevo domicilio de los universitarios de México, por magnificente y hermoso que fuera, no serviría de nada si no se intentaba al mismo tiempo la reforma de la institución misma de cultura superior, que habría de traer consigo la mudanza de hábitos de maestros y estudiantes de México [12]. Al colocar la primera piedra del primer edificio de la Ciudad Universitaria el 5 de junio se pronunció un discurso en el que manifestaba los objetivos fundamentales de la nueva configuración de la universidad: "Hoy en el centro del continente, en la frontera de dos razas y dos culturas, en la capital del país, a la que todos concurren, sobre esta carretera, eje de América, que tiende sus manos para unir lo indolatino con lo angloamericano y realizar en nuestro territorio la síntesis básica continental, que es ligar al humanismo de la cultura clásica con el saber científico y dinámico de la época; hoy, conscientes de nuestro destino, y como expresión de nuestra universidad, iniciamos otra etapa de México en la que se conjugan los más limpios anhelos de nuestra vieja y nueva universidad» [13].

¿Un héroe entre nosotros?

¿Cómo no identificar a estos creadores del Centro del Espacio Escultórico como agentes detonadores del cambio? Llamémosles héroes en los términos de Hegel y Cassirer. Entender el espíritu de un pueblo y sintetizarlo en una obra de arte escultórica, no es cosa de todos los días. Los héroes están entre nosotros. Sin embargo no hemos podido darnos cuenta. ¿Quiénes son ellos?, ¿qué los hace ser lo que son? «Somos lo que hacemos», nuestro trabajo refleja lo que somos y «nada grande en el mundo se hace sin pasión». Según Hegel, esos «grandes» eventos adquieren ese tinte en la medida en que el hombre, ese hombre apasionado, logre sintetizar el espíritu de la colectividad en ellas. El hombre trasciende en una comunidad, entre otras cosas, por la manera en que ve a la misma y logra transformarla a partir de conocer su espíritu, su esencia, aquello que la hace ser ella misma y no otra. Carlyle, apoyado en estos planteamientos, estructura esta figura mítica, y nos aproxima al concepto de héroe. Carlyle, nos dice Cassirer, «no se sentía en la obligación de responder a la pregunta ¿Qué es un héroe? Pero trató de mostrar quiénes son los hombres heroicos. Este carácter es único e indivisible; siempre permanece igual. Desde el escandinavo Odín hasta el inglés Samuel Johnson, desde el individuo fundador del cristianismo hasta Voltaire, el héroe ha sido adorado, en una forma u otra, entonces el héroe de Carlyle se convirtió en un Proteo que podía revestir cualquier forma. Aparece como Dios mítico, como profeta, sacerdote, hombre de letras o rey. No tiene límites, ni está vinculado a ninguna esfera específica de actividad» [14].

La voluntad artística

El Espacio Escultórico como objeto de arte sugiere muchas preguntas. En principio qué es aquello que la hace ser universal, al parecer la connotación que se le ha dado arte popular urbano ha tenido fuerte aceptación en el medio artístico. El arte cumple una función social, y esta propuesta escultórica la lleva a cabo desde que pretende inyectar en la sociedad un cambio de actitud en la convivencia con el objeto de arte. El arte es revolucionario, sobre todo en la época de la concepción de este proyecto escultórico era necesario imprimirle fuerzas al proyecto humanístico de la nueva universidad, desde todos los ángulos de visión posibles, entre ellas las artes. Pero, ¿qué es el arte que tiene tanto poder de transformación en su entorno? ¿Por qué un objeto artístico puede tener más valor y aceptación entre los contempladores?, pero, ¿qué es el arte? De acuerdo estoy con aquella idea de la filosofía acerca del arte que lo concibe no sólo como una producción exclusiva de las artes visuales. Arte es todo aquello producido por el hombre de manera consciente que trascienda en el tiempo y el espacio, que comunique de alguna forma una concepción del mundo con la cual todos «los demás» [15] (no todos) podamos llegar a establecer un vínculo emocional. Es, sin duda, una síntesis de ideas, visiones, filosofías y técnicas concentradas en un objeto que se manifiesta con toda su fuerza en un espacio-tiempo determinado. El arte se percibe más allá de los sentidos, modifica el entorno, propone, interpreta la realidad, por sí solo una realidad condensada.

Federico Silva, uno de los escultores participantes en el proyecto del Centro del Espacio Escultórico, hace referencia a la técnica no sólo como un medio, incluso puede ser parte de la creación del objeto. Podemos crear técnicas acorde a las necesidades de nuestra obra. La técnica, aunque indispensable, no debe verse como un fin en sí mismo, principalmente es un medio al que se recurre para la expresión artística. La técnica al mismo tiempo puede ser resultado de la experimentación en el arte, de la búsqueda de formas de comunicación, entonces ésta puede ser una manifestación artística en sí misma. Pero, quienes lo producen, ¿todos podemos hacer arte? Para Hegel «somos lo que hacemos»[16], en el caso de la producción artística el objeto producido refleja el tiempo histórico, la técnica, pero sobre todo la visión del artista del mundo que le rodea. El objeto de arte se convierte en una necesidad, en una razón de ser y para existir del artista. El artista se realiza en sus obras, se proyecta, es. La obra del Centro del Espacio Escultórico es ahora una extensión del pensamiento y filosofía de una era, pero los escultores estaban inmersos en esa dinámica de pensamiento. Los escultores son también su obra. Aunque no los hayamos conocido, su espíritu impregnado en el objeto nos habla de su manera de ver el mundo. La subjetividad en la «manera de ver el mundo» de cada individuo radica en el problema de la percepción, aunque el propósito de ésta «es proporcionarnos el conocimiento inmediato del mundo fenoménico» [17] y quizás la manera en que se manifiestan esos fenómenos es siempre la misma, no así la manera en que cada individuo los percibe. La percepción del mundo fenoménico, según Norberg-Shulz, está influida por elementos que determinan una postura frente a los mismos fenómenos. La socialización, la cultura, los esquemas, el organismo y el ambiente diferencian las imágenes que del mundo captamos de un individuo a otro. Si el arte es una síntesis de esas imágenes del mundo vistas de esta manera, es posible entender esa capacidad de síntesis e interpretación que el artista ocupa para la producción de arte como la fuerza que le dará trascendencia. Un artista responde a necesidades sociales o puede producir por iniciativa propia. En ambos casos su producción puede adquirir mucho valor en el mercado de tal manera que no se reconozca ya por su función inicial, sino por su valor monetario. El arte puede corromperse. Los objetos que se producen y se denominan arte sólo por asociación, no son arte.

Pero antes que esto ocurra, antes de que el objeto pase a ser protagonista en el mercado, en el proceso de su producción hay algo que le hizo ser lo que es y establecer vínculos emocionales con «los demás». Esto es, existe una intención manifiesta de sintetizar una visión del mundo en un objeto, una voluntad del artista. Entonces es necesario introducirnos en el estudio la psicología del artista, pues de otra manera no podremos conocer las fuerzas que mueven su voluntad, «todo fenómeno artístico permanece para nosotros incomprensible, hasta que hemos logrado penetrar en la necesidad y regularidad de su formación» [18]. En arquitectura, los objetos que se producen pertenecen a diferentes épocas y estilos. En la búsqueda de la esencia del estilo gótico en arquitectura, Worringer reivindica toda la producción de arte de todas las culturas introduciendo el concepto de *voluntad artística* como concepto medular a la par del cual la historia del arte debieran analizar todas las producciones artísticas en su proceso. Critica fuertemente la posición de la estética ante todas las manifestaciones y estilos artísticos que no pertenecen o no cazan con los esquemas de reproducción artística del periodo clásico en la historia del hombre, «hay que rechazar, pues, la pretensión violenta de la estética a interpretar todos los complejos del arte no clásico. Todas nuestras investigaciones en historia del arte, todas nuestras valoraciones artísticas, están contagiadas de esa parcialidad de la estética» [19] y entonces propone una nueva dinámica de la historia del arte debido a que considera que ésta siempre ha sido una «historia de la capacidad artística, y que el fin evidente y constante de esa capacidad es la reproducción artística de los modelos naturales», toda aquella representación entre más apegada a los modelos naturales, era estimada como un progreso. Para Worringer la intención del artista en esta producción de arte clásico era fija e indiscutible, y el problema de la trascendencia del mismo objeto era un problema de valoración de la capacidad, «nunca, empero, de la voluntad». El artista clásico entonces se limitaba a la reproducción de los modelos naturales, el resto no «era».

Esta reflexión nos lleva a la pregunta sobre a qué corriente artística o a qué estilo pertenece el Centro del Espacio Escultórico. Esta obra pudiéramos decir responde a las necesidades ideológicas de un tiempo histórico, que no es muy distante del actual. En 1977 como resultado de una discusión entre el Coordinador de Humanidades J. Carpizo y representantes importantes de la plástica en México surgieron parte de las ideas que sustentan de alguna manera la razón de ser del Centro Escultórico de la Ciudad Universitaria. El antecedente anterior fue el movimiento de la pintura mural, se dio en la primera mitad del siglo XX como recurso de un estado nacionalista para difundir la cultura masivamente y la historia de México. «El muralismo mexicano fue la propuesta más vital al llamado de reconstrucción de un país a través del arte» [20]. Sin embargo, no fue la única forma de abordar ese objetivo, hubo artistas que se fueron por otros caminos para expresar lo mismo a través de los lenguajes que se estaban dando a escala internacional en la época. Seguido del movimiento muralista, en la segunda mitad del siglo nos encontramos con el movimiento escultórico geométrico monumental, iniciado a fines de los años cincuenta. «Si el primer movimiento fue expresión de la Revolución Mexicana, este segundo movimiento busca sus apoyos en la tradición y en la vanguardia de nuestro país para apoyar la modernización en México. Se trata de un movimiento que por sus características propias rebasa el arte privado, incorporándose a la gran tradición del arte público que hiciera suyo el muralismo mexicano como expresión concreta, en la pintura, de un arte de masas. Este aspecto conecta, así mismo, el actual movimiento con la escultura prehispánica sobre la base de unos rasgos comunes de estilo y concepto: el juego de los volúmenes, la simplificación de las formas, las figuras recortadas, el uso de colores planos superpuestos. Convergen entonces una tendencia de vanguardia y una fértil tradición» [21].

Los escultores Escobedo, Felguérez, Goeritz, Hersúa, Sebastián y Silva han hecho de la Universidad Nacional Autónoma de México cuna de este movimiento, pues han hecho notables aportaciones dentro de las instalaciones. El proyecto de la creación de un Centro del Espacio Escultórico tiene su origen en una concepción del arte como investigación, extensión de la cultura y un compromiso de la realidad social. Este espacio sería un área de encuentro y un espacio de investigación y experimentación, vinculado a la función que desempeñará el Centro de Cultura de la Universidad Nacional Autónoma de México. El abrir sus puertas al público en general tendría por objeto despertar el gusto por la escultura, siendo entonces el Centro del Espacio Escultórico una suerte de semillero de la renovación artística al servicio del pueblo. El arte cumple de esta forma una función social muy importante. Pero mi interés va más allá de la utilidad concreta de los objetos artísticos. El Centro del Espacio Escultórico permite vislumbrar una realidad social, una verdad que acontece en un tiempo determinado. Al instaurar esa verdad en la obra de arte, los escultores hacen historia. Crear en el arte es hacer historia. «el arte es histórico y como tal es la contemplación creadora de la verdad en la obra. El arte acontece como poesía. Ésta es instauración en el triple sentido de ofrenda, fundación y comienzo. El arte como instauración es esencialmente histórico» [22]. La arquitectura es arte, la escultura es arte, pero ésta última en su condición de arte puramente simbólico, pareciera trasladar más fácilmente la realidad vista desde la poesía en hechos materiales. Pero siendo arte, cabe la pregunta del ¿por qué lo son? y ¿cómo es que se origina su condición de objeto artístico? ¿Qué es lo que hace ser arte a la arquitectura y a la escultura?

El origen de la obra de arte
El origen de la obra de arte discutido por Heidegger en su ensayo doble llamado Arte y Poesía, podemos trasladarnos al ámbito de la arquitectura y preguntarnos si ésta es arte, y si lo es, ¿cómo es que llega a serlo?, es decir, ¿cómo se origina una obra de arte en la arquitectura? «Origen significa aquí aquello de donde una cosa

procede y por cuyo medio es lo que es y cómo es. La obra surge según la representación habitual de la actividad del artista y por medio de ella» [23]. Cualquiera que sea el carácter de una obra de arte éste nos ayuda en la comprensión de la arquitectura. Para Heidegger la esencia del arte puede leerse en la obra misma, y la esencia, o sea lo que la hace ser lo que es y no otra cosa, o se hace evidente en tanto es contemplada. Pero la obra no es por sí sola cuando ya está hecha, «Dejar que una obra sea obra es lo que llamamos la contemplación de la obra» [24], si el arte es el origen de la obra, entonces quiere decirse que hace brotar en su esencia la mutua correspondencia esencial en la obra, de la creación y la contemplación» [25]. Sin embargo el contemplador tiene que estar sensibilizado con el lenguaje de dicha obra de arte, para poder percibir esa «esencia». El arte público tiene que resolverse en un lenguaje universal en teoría. Pero la dificultad estriba en darle unidad a la apreciación estética de los contempladores. Cómo proveer a millones de mexicanos de un marco crítico desde la estética y tener en sus manos herramientas para la apropiación del arte en general.

Heidegger nos hace pensar que la obra tiene el afán de revelarnos un mundo, desde el momento en que ésta tiene una condición histórica y el deber de instaurar la verdad en ella misma; «ser obra significa establecer un mundo...el mundo no es el mero conjunto de cosas existentes contables o incontables, conocidas o desconocidas. Tampoco es el mundo un marco imaginado para encuadrar el conjunto de lo existente» [26], «la obra como obra establece un mundo. La obra mantiene abierto lo abierto de un mundo» [27]; y también de mostrar una visión extraordinaria del artista acerca de algo hasta ahora conocido (entiendo que «lo conocido» es aquello a lo que Heidegger llama la tierra). «Llamamos la tierra aquello a lo que la obra se retrae y a lo que hace sobresalir en este retraerse. Ella es lo que encubre haciendo sobresalir. La tierra es el empuje infatigable que no tiende a nada. El hombre histórico funda sobre la tierra su morada en el mundo. Al establecer la obra un mundo, hace tierra. El hacer está entendido aquí en sentido estricto. La obra hace a la tierra ser una tierra» [28]. La obra de arte, funda un mundo alrededor de ella, genera todo un acontecimiento, refleja un tiempo histórico. «Una obra arquitectónica, como un templo griego, no representa nada.

Se levanta con sencillez en el hendido valle rocoso. El edificio circunda la figura de dios a la que deja alzarse, oculta por el pórtico, allá adentro, en el recinto sagrado. El templo por primera vez construye y congrega simultáneamente en torno suyo la unidad de aquellas vías y relaciones en las cuales, el nacimiento y la muerte, la desdicha y la felicidad, la victoria y la ignominia, la perseverancia y la ruina, toman la forma y el curso del destino del ser humano. La poderosa amplitud de estas relaciones patentes es el mundo de este pueblo histórico. Partiendo de tal ámbito, dentro de él se vuelve un pueblo sobre sí mismo para cumplir su destino» [29].

Un artista, un arquitecto, al transformar materia prima en obra artística se da a la tarea de revelar la esencia de sí mismo, de revelar un mundo, de revelar la verdad de ese mundo, de mostrar el dominio de la técnica. No hay manera de salirse de este pequeño juego de conceptos, quizás no existe «la respuesta» en términos absolutos. Un acercamiento entre ellos, una liga dialéctica es lo que los hace ser más intensos y, desde mi óptica, más claros. Samuel Ramos nos adelanta un poco acerca del objeto de este juego de ideas: «la poesía es la verdad. La obra de arte es creación, la creación es la verdad, la verdad es la poesía, la poesía es la verdad. ¿No habrá en todo este discurrir algo de artificio? Sólo mediante un esfuerzo de ingeniosidad puede llegarse a establecer una ecuación en la que verdad es igual a creación igual a poesía igual a arte» [30]. La creación en el arte implica un conocimiento del mundo, el objeto de arte es la visión del artista acerca de ese mundo, la trascendencia de ese objeto de arte será en función de la verdad que la haga universal. El arte es comunicación, y las ideas que transmita valdrán para todos en tanto éste parta del principio fundador de la verdad. Entiendo que al hablar de que el arte tiene capacidad para fundar mundos, es más bien la voluntad del artista de transformar su entorno, o de dejar grabados en su obra conceptos revolucionarios de trascendental peso en la sociedad en que el objeto de arte fue producido. La contemplación de ese objeto en tiempos posteriores nos remitirá a aquellas ideas que representan, nos remitirán a un mundo fundado por el artista.

Un símbolo urbano para reforzar nuestra identidad

Un símbolo urbano para reforzar nuestra identidad: El Centro del Espacio Escultórico. Las lecturas de Octavio Paz y Samuel Ramos me llevaron en gran parte a elegir al Centro del Espacio Escultórico como hilo conductor de esta reflexión, porque es un símbolo urbano que forma parte de un movimiento en la plástica mexicana que busca justamente el refuerzo de nuestra identidad. El periodo histórico al que pertenece la pintura muralista se ha dado en llamar Renacimiento Mexicano y abarca al arte producido en tiempos posteriores a la Revolución que rompió con el ya insostenible sistema político por el paternalismo de un Estado dictador. La creación plástica de la época, encabezada por artistas como Diego Rivera, Roberto Montenegro y José Clemente Orozco no podían entenderse sin «la afirmación de que la Revolución Mexicana como un cambio dramático que orientó la conciencia de la sociedad. [31]. Esto me lleva a preguntarme sobre los motores que empujan al arte mexicano hoy en día, finalmente esos tiempos han quedado atrás. Por esto último, me he introducido en los textos de Samuel Ramos y de Octavio Paz quienes considero que exponen ideas que podemos aplicar los arquitectos en nuestra búsqueda por un lenguaje de la arquitectura contemporánea mexicana. ¿Cómo debe ser la arquitectura para los mexicanos? No hay recetas, en definitiva cada caso particular es un mundo. Es importante no caer en excesos, ni ser tan radical en las propuestas arquitectónicas que se hagan. En la producción de la arquitectura en México, y en general en el arte, para S. Ramos se debe huir igualmente de la cultura universal sin raíces en México, como también de un 'mexicanismo' pintoresco y sin universalidad. El ideal que está aún por realizarse es por decirlo así, la personalidad de acuerdo con una fórmula matemática que reúna lo específico del carácter nacional y la universalidad de sus valores... precisamente cuando el artista acierta a captar las notas más individuales de su raza, en ese mismo instante su obra adquiere una trascendencia universal. La norma del 'nacionalismo' debía ser esta: acendrar nuestra vida propia, sin menoscabo de acercarla al plano de las formas universales» [32]. Para Octavio Paz la preocupación del caer en los extremos en la producción artística parece ser la misma que Samuel Ramos. Entender la mexicanidad como única, como concepto autosuficiente, ahora ya existe por sí solo, o por lo menos a eso debemos aspirar como sociedad.

«La mexicanidad es una manera de no ser nosotros mismos, una reiterada manera de ser y vivir otra cosa. En suma, a veces una máscara y otras una súbita determinación por buscarnos, un repentino abrirnos el pecho para encontrar nuestra voz más secreta. Una filosofía mexicana tendrá que afrontar la ambigüedad de nuestra tradición y de nuestra voluntad misma de ser, que si exige una plena originalidad nacional no se satisface con algo que no implique una solución universal» [33]. La escultura contemporánea, por ejemplo la del escultor Federico Silva tiene como labor comprender que «contemporaneidad, tradición y vanguardia puedan estar contenidos en un mismo propósito» [34]. «Ser nosotros mismos será oponer al avance de los hielos históricos el rostro móvil del hombre». El objeto de nuestra reflexión no es diverso al desvela a otros hombres y a otros pueblos: ¿cómo crear una sociedad, una cultura, que no niegue nuestra humanidad, pero tampoco la convierta en una vana abstracción? Y en la arquitectura, ¿por qué siempre recurrir a las formas que por costumbre nos remiten a «lo mexicano», quién decide que esas formas refuerzan nuestra personalidad? Por qué no pesar en formas que nos den cuenta de que como país existimos en un mundo que va a velocidades enormes en lo que se refiere al progreso, y no caer siempre en la nostalgia por el pasado. La creatividad es justamente eso: capacidad para sintetizar contemporaneidad, tradición y vanguardia en una propuesta rompecabezas de formas extraídas del pasado y malogradas. «¿Por qué hemos buscado entre las ruinas prehispánicas el arquetipo de México? ¿Y por qué ese arquetipo tiene que ser precisamente azteca y no maya o zapoteca o tarasco u otomí? Mi respuesta a esta pregunta no agradará a muchos: los verdaderos herederos de los asesinos del mundo prehispánico no son los españoles peninsulares sino nosotros, los mexicanos que hablamos castellano, seamos criollos, mestizos o indios» [35].

¿Cómo es el usuario? y ¿cómo debiera ser la arquitectura para una nueva cultura?
La cuestión es no perderse y entender que de las preguntas dirigidas a una gran comunidad, deben ser particularizadas para

casos muy específicos. En lo que se refiere a mi comunidad en particular, que objetivamente es el lugar en donde tengo más probabilidades de desempeñar mi labor de arquitecta, me interesa conocer su cultura. Para conocer una determinada cultura es preciso conocer la estructura mental de quienes la generan y la comparten. La cultura existe a priori en los mexicanos, porque está en el modo de ser del hombre «aun cuando en éste no exista el impulso creador» [36]. La cultura del hombre está determinada por los accidentes de su historia y la manera en que son recibidos-asimilados por su estructura mental. El individuo al que se van a dirigir nuestras propuestas en arquitectura, tendrá que abrirse ante nosotros, pero esta apertura no puede darse si no mostramos confianza. Cuando nos acercamos a estudios como los de Octavio Paz y Samuel Ramos que analizan y/o describen magníficamente la totalidad del mexicano y encontramos elementos determinantes tales como la historia y las estructuras sociales que interactúan con el hombre y lo hacen ser lo que es y como es, podemos darnos cuenta de que no es tan sencillo lograr esa apertura. Para entender individualmente a un hombre, las teorías psicológicas modernas, en general manejan que es «Es necesario conocer experiencias de la vida infantil para definir el carácter individual de un hombre" [37]. El filósofo mexicano Samuel Ramos, a principios de siglo elabora un análisis del mexicano, desde el punto de vista de la psicología y, a partir de un análisis nos presenta dos conceptos que forman parte de la estructura mental del mexicano, y al mismo tiempo filtros de la manera en cómo percibe el mundo y cómo responde a los estímulos que recibe del exterior: la imitación y la autodenigración.

La autodenigración es el desprecio a la realidad patria para ignorarla debido a un interés por la cultura extranjera a manera de fuga espiritual de su propia tierra. A pesar de ese interés, existe un rechazo, y un resentimiento a la tendencia cultural europeizante. Esta es una reacción nacionalista que culpa a la cultura europea de los múltiples fracasos de la nación por el abuso de la imitación extranjera. Por otro lado, la imitación. «Los fracasos de la cultura en nuestro país no han dependido de una deficiencia de ella misma, sino en un vicio en el sistema con que se ha aplicado. Tal sistema vicioso es la imitación que se ha practicado universalmente en

México por más de un siglo. Los mexicanos han imitado mucho tiempo, sin darse cuenta de que estaban imitando. Creían de buena fe, estar incorporando la civilización al país. El mimetismo ha sido un fenómeno inconsciente, que descubre un carácter peculiar de la psicología mestiza. Para que algo tienda imitarse, es preciso creer que vale la pena para ser imitado. Así que no se explicaría nuestro mimetismo si no hubiera cierta comprensión del valor de la cultura» [38]. «Entonces la imitación aparece como un mecanismo psicológico de defensa, que, al crear una apariencia de cultura, nos libera de aquel sentimiento deprimente, ¿por qué si el individuo es capaz de comprender la cultura y la considera un valor deseable, no la adquiere de modo auténtico?» [39] Samuel Ramos responde así mismo que esto se debe a que el mexicano está impregnado de un sentimiento de inferioridad derivado de una devaluación de la propia cultura (al contrario del valor que otorga a la cultura ajena) y por qué cuando se revela este valor ante él, es decir se da cuenta de lo que puede valer su propia cultura, por un «juicio de comparación» queda despreciada la propia.

¿Por qué si somos capaces de valorar la producción arquitectónica en el mundo y de tomarla como ejemplo, no lo somos para valorar lo que producimos localmente? Nuestras ideas no valen menos, pero se tiene dudas respecto a ello. ¿Cuantas formas de edificios producidas en el mundo no han sido mal copiadas o reinterpretadas en la Ciudad de México?, es tristísimo ver como solo en la medida en que semejamos a los arquitectos en el exterior se considera que estamos haciendo algo bueno. Es necesario conocer los procesos (por qué y para qué) que han llevado a los arquitectos en el mundo a determinadas soluciones. Es posible, incluso, adaptar esos procesos. Pero el error está en el copiar (imitar) el resultado de dichos procesos. En el interés como arquitecta de encontrar elementos que refuercen mis propuestas arquitectónicas, me muevo para buscar en estos dos autores características de la generalidad de los mexicanos y, no importando que suene pretenciosos, ayudar a esta transformación tan urgente en la personalidad del mismo a través de la arquitectura. Me limito entonces a encausar al ámbito de la arquitectura ideas en el afán de entender la generalidad del mexicano (al mismo tiempo definitivamente es conocerme un poco más en lo individual) indispensable en la generación de respuestas arquitectónicas (diseño) y que fueron producidas por las mentes de Samuel Ramos y Octavio Paz. «Uno de los sentimientos necesarios para sostener la vida de todo hombre, es el de la seguridad, que se afirma especialmente cuando el individuo tiene la ocasión de verificarlo la eficacia de sus aptitudes y su poder. En otras palabras: es el éxito repetido de toda acción lo que, progresivamente, va edificando en la conciencia individual el sentimiento de la seguridad» [40].

El éxito depende de la capacidad del individuo de ponerse a la altura de las circunstancias -o de adaptar las circunstancias a sus posibilidades personales- esto último depende desafortunadamente de «fatalidades de orden social o económico que no se pueden eludir» [41]. Si existe una desproporción enorme entre lo que se anhela y lo que realmente se puede hacer, el espíritu se ve asaltado por el pesimismo, se creerá incapaz, será desconfiado de sí mismo, germinará en su ánimo el sentimiento de inferioridad. En síntesis la «inferioridad, es el efecto de una inadaptación de sus verdaderos recursos a los fines que se propone realizar» [42]. Ante esto modifica su esfera de aspiraciones y en esta escala él puede desenvolverse mejor y ser tan capaz como otro. «El mexicano es idealista, porque el idealismo exalta la idea que tiene de su personalidad...cuando la realidad se opone a la verificación de sus proyectos antes de renunciar a sus fines, deriva inconscientemente su esfuerzo hacia el plano de la ficción. Así, aunque de un modo ilusorio, queda satisfecho el impulso de afirmar la individualidad» [43]. Vamos, pues, poniéndonos metas y objetivos a nuestro alcance. Integramos a la nueva arquitectura valores que no sólo manifiesten una obsesión nostálgica por el pasado en el Centro del Espacio Escultórico ocurren fenómenos cotidianamente que nos demuestran que es posible inducir un sentido de pertenencia entre personas y símbolos. La destreza con que se maneje el lenguaje plástico y arquitectónico determinará en gran parte el éxito de una comunicación trascendente entre escultura ó arquitectura y espectador o habitante. Así pues, el Espacio Escultórico existe por y para todos, nos ofrece una aventura artística, nos invita a formar parte de ella reconociéndola como parte de nosotros, en una dinámica ritual que nos provoque una experiencia mágica de revivir un mito antiguo cargado de contemporaneidad. Es difícil

|Sofía Constanza Fregoso Lomas

«entender que contemporaneidad, tradición y vanguardia puedan estar contenidos en un mismo propósito» [44], pero en nuestro esfuerzo por reforzar una identidad sería maravilloso encontrarnos con espacios como éste, que además, en palabras de Octavio Paz, en nuestra búsqueda por las razones de existir en el mundo, ésta sea una de ellas.

Notas
1. Paz, Octavio, "El Laberinto de la Soledad. Posdata. Vuelta a El Laberinto de la Soledad", México: F.C.E, 1999, p. 349.
2. Silva, Federico, "Una experiencia personal. La escultura y otros menesteres", México: UNAM, 1987, p. 15.
3. Baker, Geoffrey H, "Análisis de la Forma", Barcelona: G. Gili, 1991, p. 62.
4. Muller F., "La Cerámica de Cuicuilco, B: Un rescate arqueológico", México: INAH, p.11.
5. Cassirer, Ernest, "El mito del estado", México: F.C.E., 1985, pp. 38-39.
6. Cassirer, *op. cit.*, p. 32.
7. Cassirer, *op. cit.*, p. 37.
8. Silva, *op. cit.*, p. 10.
9. Cassirer, *op. cit.*, p. 58.
10. Cassirer, *op. cit.*, p. 60.
11. Lazo, Carlos, "Pensamiento y destino de la Ciudad Universitaria", México: Porrúa, 1983, p. 9.
12. Lazo, *op. cit.*, p. 71.
13. Lazo, *op. cit.*, p. 34.
14. Cassirer, *op. cit.*, p. 229.
15. Quiero decir, todos aquellos que estamos del otro lado de la obra de arte.
16. Worringer W. "La Esencia del Gótico", México: FCE, 1985, p. 13.
17. Norberg-Shulz, Christian, "Intenciones en arquitectura", Barcelona: G. Gili, 1979, p. 20.
18. Worringer *op. cit.*, p. 14.
19. Catálogo de la exposición «Arte Moderno de México, 1900-1950», México: Colegio de San Ildefonso, 2000, p. 8.
20. Hartmann, Nicolai, "Estética", México: UNAM, 1977, p. 15.
21. Heidegger, Martín, "Arte y Poesía", México: F.C.E., 2000, p. 118.
22. Heidegger, *op. cit.*, p. 37.
23. Heidegger, *op. cit.*, p. 104.
24. Heidegger, *op. cit.*, p. 110.
25. Heidegger, *op. cit.*, p. 74.
26. Heidegger, *op. cit.*, p. 75.
27. Heidegger, *op. cit.*, p. 77.
28. Heidegger, *op. cit.*, p. 71.
29. Heidegger, *op. cit.*, p. 24.
30. Catálogo, *op. cit.*, p. 6.

31 Ramos, Samuel, "El perfil del hombre y la cultura en México", México: Colección Austral, 1999, p. 98.
32 Paz, *op. cit.*, p. 183.
33 Silva, *op. cit.*, p. 17.
34 Paz, *op. cit.*, p. 209.
35 Paz, *op. cit.*, p. 316.
36 Paz, *op. cit.*, p. 19.
37 Paz, *op. cit.*, p. 32.
38 Paz, *op. cit.*, p. 22.
39 Ídem.
40 Paz, *op. cit.*, pp. 10-11.
41 Paz, *op. cit.*, p. 11.
42 Paz, *op. cit.*, p. 12.
43 Paz, *op. cit.*, p. 40.
44 Silva, *op. cit.*, p. 17.

Bibliografía

Baker, Geoffrey H, "Análisis de la Forma", Barcelona: G. Gili, 1991.

Catálogo de la exposición "Arte Moderno de México, 1900-1950", México: Colegio de San Ildefonso, 2000.

Cassirer, Ernest, "El mito del estado", México: F.C.E., 1985.

Hartmann, Nicolai, "Estética", México: UNAM, 1977.

Heidegger, Martín, "Arte y Poesía", México: F.C.E., 2000.

Lazo, Carlos, "Pensamiento y destino de la Ciudad Universitaria", México: Porrúa, 1983.

Muller F., "La Cerámica de Cuicuilco, B: Un rescate arqueológico", México: INAH.

Norberg-Shulz, Christian, "Intenciones en arquitectura", Barcelona: G. Gili, 1979.

Paz, Octavio, "El Laberinto de la Soledad. Posdata. Vuelta a El Laberinto de la Soledad", México: F.C.E, 1999.

Ramos, Samuel, "El perfil del hombre y la cultura en México", México: Colección Austral, 1999.

Silva, Federico, "Una experiencia personal. La escultura y otros menesteres", México: UNAM, 1987.

Worringer W. "La Esencia del Gótico", México: FCE. 1985.

"Marginalidad" como espacio teórico de construcción del imaginario
Ejemplos urbano arquitectónicos mexicanos en el umbral del siglo XXI

MARÍA ELENA HERNÁNDEZ ÁLVAREZ

*Nuestra casa permanece hoy, aquí, para siempre,
ella nos habita, ya que sólo lo nuestro puede habitarla...*
(G. Bachelard, 1997)

I
Este trabajo forma parte de uno más amplio, el cual se va construyendo transdiciplinariamente proponiendo una teoría de lo marginal en lo referente a lo urbano arquitectónico mexicano contemporáneo. Aquí se trabaja en el planteamiento de una hipótesis general, evidentemente fundamentada en la realidad, y que ha comenzado a sugerir ulteriores trabajos de investigación, tales como lo marginal de los planes de estudio de la arquitectura, lo marginal en el mestizaje mexicano, lo marginal en la habitabilidad contemporánea, entre otros. Estas indagaciones teóricas son un "salto al vacío", es decir, pretenden ir más allá, mar adentro, buscando una perspectiva totalizadora, a distancia y en profundidad, de aquellos objetos urbano arquitectónicos que han surgido de manera marginal (no marginada, periférica o tangencialmente), pero que otorgan identidad y pertenencia, y que por ello es esencial identificarlos, fortalecerlos y promoverlos.

El tema de "lo marginal" es fascinante, sugerente, "correlatable" en muy diversas disciplinas, de ahí que será necesario comenzar por contextualizar algunas ideas, conceptos y definiciones. Posteriormente se mostrarán algunos casos en los que el imaginario, construido desde un espacio teórico marginal, se manifiesta de manera elocuente en lo urbano arquitectónico mexicano actual. Para comenzar, tomemos la palabra imaginario, de la cual existen innumerables definiciones y connotaciones propuestas por diversos campos del saber; de entre ellas, consideramos aquí aquella que, según algunos filólogos y filósofos, se resume en la siguiente idea: "el imaginario es la interpretación de la realidad".

Como premisa inicial, pongamos esta definición en verbo: "el imaginario significa estar interpretando la realidad", en otras palabras, es una acción en constante cambio y movimiento que una persona específica, colectiva o individual, que habita una cierta realidad concreta ejecuta para posibilitar (aviar) el habitar la realidad. Ahora bien, algunas características constantes en esta acción de interpretar la realidad son la espontaneidad, hasta cierto punto la ingenuidad, la transparencia, la creatividad y, sobre todo, la simplicidad misma.

En este sentido, todo ser humano constantemente se encuentra interpretando la realidad para poder "acomodarnos en ella", apropiarnos de ella y, sobre todo, para pertenecerle. Particularmente para nuestra disciplina, la arquitectura, la acción de estar interpretando la realidad espacial en que habitamos nos es tan cotidiana y natural como el respirar. En efecto, los arquitectos todo el tiempo estamos decantando, interpretando, reconstruyendo, habitando imaginariamente las realidades espaciales. Por ello, nos debiera ser muy fácil comprender los imaginarios comunitarios, sobre todo de la realidad en la que estamos insertos.

Ahora, como segunda premisa, planteamos aquí la palabra imaginario como sujeto, y en ello está implícito también que se trata de un ser vivo y evolutivo. Así, proponemos lo siguiente: el imaginario es aliento vivo, también perenne y atemporal, de una comunidad específica con el cual voluntariamente impregna a su realidad inmediata para dotarla de su identidad y así poder habitarla y apropiarse de ella. Entonces, el imaginario palpita en la psique, sobre todo en lo emocional, de la persona individual o colectiva, es una voluntad que deconstruye la realidad, la interpreta, la reintegra, primero imaginariamente con lo suyo propio, sus mitos, su cosmovisión, sus tradiciones y sus costumbres y, después, irrumpiendo en la realidad misma para reconstruirla y apropiarse de ella, pertenecerle, y poder habitarla, en el más esencial y amplio sentido de la palabra. Por lo tanto: El imaginario, como sujeto o como acción, es un aliento fundacional que, a través de una voluntad creativa específica, se manifiesta de muy diversas maneras en la realidad ahistórica.

Antes de ejemplificar esta idea en lo urbano arquitectónico, hablemos un poco acerca de la voluntad creativa, o artística, como la llama Wilhelm Worringer (filósofo alemán de principios del siglo XX), quien identifica y define esta voluntad gracias a sus indagaciones en la historia de un singular edificio, particular en su habitabilidad y muy elocuente en su imaginario: la catedral gótica. En su interés por profundizar en el parteaguas que significó para la historia de la arquitectura la catedral gótica, Worringer analizó este edificio desde los propios supuestos socioculturales que la concibieron y comprobó la existencia de una voluntad creativa o artística como genoma de toda obra de arte. En este sentido, Worringer afirma que "de tal manera los valores formales del edificio se hacen inteligibles como expresión de los valores internos, que desaparece el dualismo entre forma y contenido, (…) [así] se ha podido lo que se ha querido, y lo que no se ha podido es porque no estaba en la dirección de la voluntad creativa" [1].

Para Worringer, es esencial conocer la congruencia de esa voluntad creativa con las expresiones artísticas de una comunidad específica y en ello queda establecido lo que es bello. Él dice que: Los cambios de voluntad que se reflejan en la historia del arte no pueden ser caprichosos o accidentales, han de hallarse en conexión con los cambios que se verifican en la constitución psicoespiritual de la humanidad (…) Así, la historia de la voluntad artística es tan importante que vendrá a codearse, como igual, con la historia comparativa de los mitos, la historia comparativa de las religiones, la historia de la filosofía, la historia de las instituciones del universo, esas grandes encrucijadas de la psicología de la humanidad (…) Así, la historia de la voluntad creativa ha de contribuir a la historia del alma humana y de las formas en que se manifiesta [2].

Hasta aquí comprendemos que el imaginario está intrínsecamente relacionado, sobre todo, con la parte emocional en el ser humano, con lo que le es esencialmente propio, con sus mitos, ritos y tradiciones, con su cosmovisión del mundo, con aquello que le es fundacional pero también evolutivo porque camina con él, de generación en generación. Ahora bien, para identificar al imaginario en la voluntad creativa que lo genera es necesario acudir a otros campos del saber, tales como la filosofía, la antropología, la sociología, la literatura, la psicología y la historia, entre otros; y, como bien sabemos, estos campos de conocimiento brillan por su ausencia en la mayoría de los planes de estudio de la carrera de arquitectura.

Aquí se plantea una primera sugerencia para otros trabajos: conocer el imaginario y su voluntad creativa posibilita comprender los supuestos esenciales de una persona o comunidad específica, sus formas de habitar, diseñar y construir.

Sobre el asunto del "habitar", tema que da razón de ser a nuestra disciplina, ese "habitar, producto del imaginario" se manifiesta concretamente en la realidad en un mosaico de categorías, dependiendo del bagaje mítico, ritualista y sociocultural de toda comunidad. Estas categorías coexisten de manera natural y cotidiana en toda urbe mexicana actual y, hasta donde conocemos, aún no han sido debidamente deslindadas o analizadas.

Tenemos entonces una segunda idea para una investigación posterior: identificar al imaginario en sus diversas manifestaciones de habitabilidad urbano arquitectónicas y definir sus categorías estéticas.

Desde luego, en esta propuesta no nos estaremos limitando a definir única e ingenuamente lo imaginario como lo mestizo, lo atroz, lo híbrido, lo aberrante, lo copista, lo descontextualizado, lo grotesco, lo pintoresco, entre otras maneras actuales de juzgarlo. La intención sería validar a priori las maneras en que el imaginario se hace presente como un testimonio de que la persona puede apropiarse de una realidad concreta, dialogar con ella, evolucionar en y con ella para pertenecerse mutuamente.

En México, el imaginario se ha manifestado ahistóricamente de muy diversas maneras, todas ellas dando lugar a un rico mestizaje: desde hace quinientos años con el mundo europeo, desde hace un par de siglos con el ahora primermundista, y por más de dos milenios endógenamente. Y aunque hoy día parece que el imaginario se sofoca y se invalida ante la arrollante presencia de Mister Globalización, aún en los prototipos arquitectónicos de origen extranjero siempre es evidente la manifestación de este imaginario. Para ejemplificar esto, leo a continuación un fragmento de un ensayo (E. Enciso, 2002) que se refiere a una anónima y "funcional" unidad habitacional del Infonavit en la Ciudad de México: alcanzo a percibir diferentes siluetas humanas que, antes de llegar a su destino, hacen una breve pausa frente a una extraña construcción pequeña, esperan un momento y luego desaparecen entre los multifamiliares (…) Van unas señoras con su bolsa para comprar el pan y de regreso las sorprendo haciendo la charla frente a [esa] extraña construcción pequeña que está en una "plaza" (como se acotaría en el plan maestro de diseño urbano del conjunto) (…) miran lo que está dentro de la construcción, bajan su cabeza y continúan su camino (…) La plaza ya existía, pero [esa construcción pequeña] verdaderamente la hizo un lugar, la fundó. Ahora sí, gracias a esa pequeña construcción, la unidad habitacional genera un espíritu de pertenencia e identidad [3].

II

Ahora bien, y siguiendo el título de este trabajo en el que se incluye la palabra teoría, el imaginario es un "constructor teórico marginal" que la psique, y sobre todo la parte emotiva del ser humano, produce a lo largo de su paso por esta vida. Para explicar más esta idea acudimos a la definición más simple de la palabra "teoría", como una visión totalizadora, a distancia y a profundidad del objeto o realidad implicados. Así, en la acción de interpretar la realidad, la persona, colectiva o individual, posee, por un lado, una visión totalizadora de esa realidad y, por otro, una relación intrínseca con aquello que le es congruente con su cosmovisión, sus mitos, ritos, costumbres y tradiciones, es decir, con aquello que le es propio, que le otorga identidad y pertenencia.

Entonces, gracias al imaginario, la persona, desde un espacio teórico, construye una visión totalizadora de la realidad para deconstruirla, interpretarla, integrarla, reconstruirla y habitarla, primero imaginariamente, para luego irrumpir en esa realidad, habitándola y haciéndola su lugar (chez nous). Este proceso es un verdadero acto poético, en ocasiones heroico, y siempre fundacional. Además, el imaginario cumple con una múltiple función educadora y social, es decir, custodia y produce mitos, promueve y sostiene ritos y costumbres, "coliga a la Cuaternidad" (en palabras de Heidegger), y también hace real la idea del poeta Holderlin de que "sólo poéticamente es como el hombre [realmente] habita la tierra" [4].

Un ejemplo de esto es el caso de los días 2 de noviembre, en que cada año recordamos en México a nuestros difuntos. Ese día el tiempo se torna ahistórico, entra en el eterno presente, en un *continuum* en donde el imaginario cubre nuestros espacios existenciales y urbano arquitectónicos, con un terso y sutil color cempasúchil. Y más allá del color naranja que identifica esa fecha, todos los rituales que se viven ese día manifiestan el imaginario que otorga identidad y pertenencia y arraigo. Otro ejemplo de la presencia del imaginario es el uso del color, que nuestro pueblo maneja con gran soltura y espontaneidad desde tiempos mesoamericanos en el vestuario, y que se convierte en una primera-segunda piel que se desdobla y que unta también muchos de nuestros espacios habitados. Ejemplos los encontramos en la obra de Chucho Reyes y de Luis Barragán, entre otros. Y aquí surge una tercera propuesta de investigación académica: Identificar los colores del imaginario que prevalecen y las diferentes maneras en que se manifiestan en lo urbano arquitectónico.

III

Con lo dicho hasta aquí llegamos a la parte medular de este trabajo, y ello no es precisamente (aunque se ha sugerido ya) proponer estudios que compilen los maravillosos colores que percibimos visual y cotidianamente en nuestro entorno urbano arquitectónico contemporáneo, o clasificar objetos arquitectónicos y paisajes urbanos, o proponer categorías apriorísticas que coadyuven a nuestra percepción del imaginario mexicano en sus diversas manifestaciones urbano arquitectónicas; todo esto, como ya se dijo, son sólo sugerencias para otros trabajos; intentamos aquí mostrar la vigencia de un espacio teórico-marginal, que acontece y que palpita cotidianamente en la psique racional y emotiva de todo ser humano, en el que se mezclan, por un lado, toda la historia mítico-cultural de la comunidad a la que pertenece y, por el otro, la realidad contemporánea en la que se encuentra. Es en este espacio teórico marginal en el que, mediante el impulso de una voluntad creativa, se genera y prevalece todo imaginario.

Así llegamos al asunto de "lo marginal", central en el planteamiento hipotético que aquí se presenta. Lo que estamos proponiendo es considerar que el espacio teórico en el que se construye el imaginario, a nuestro entender, sólo puede suceder de manera "marginal". Y para comprender en este contexto la idea de "marginalidad", cabe aclarar que esta palabra no tiene nada que ver con lo marginado, lo periférico, lo tangencial u otras acepciones. Aquí, a lo marginal lo consideramos como ese espacio existencial en las márgenes de los núcleos que posibilita la creatividad, la expansión de los sistemas, la oxigenación de los núcleos, la evolución, la desdensificación de los centros apoltronados, burocratizados, anquilosados.

Y para comprender un poco más qué significa para nosotros lo marginal o la marginalidad, acudimos a la literatura, particularmente a dos autores, Jorge Luis Borges e Ítalo Calvino. En la obra de ambos está presente en todo momento la idea del espacio, y muy en particular del espacio marginal. En el caso de Borges, él mismo elige el espacio marginal como sitio en el cual se instala, se acomoda, se mueve, camina, observa, se encuentra a sí mismo y desde donde crea su obra literaria por medio de una escritura potente, que sigue el ritmo de su cuerpo, en un caminar que oscila entre los extremos. Lo marginal para Borges es el espacio donde las cosas se miran, desplazadas del núcleo, con perspectiva, se perciben en otro ritmo. El mismo Borges nos dice: "el término las orillas cuadra con sobrenatural precisión estas puntas ralas, en que la tierra asume lo indeterminado del mar" [5]. La literatura de Borges es marginal, y de hecho sus estudiosos la definen como una obra "entre géneros", es decir, parece que abarca más, es más libre, amplia, rebasa las fronteras de los núcleos que la generaron, pero a su vez no los abandona, se asoma a otros territorios, abreva de ellos, pero siempre permanece.

Para Ítalo Calvino, los espacios marginales son nuevos centros de liberación, de planteamientos y replanteamientos, de creación. Un ejemplo de ello está en su novela El barón rampante: el protagonista Cossimo, asfixiado en un mundo estereotipado y rígido, huye a un espacio marginal desde donde crea toda una nueva forma de habitar, y lo hace además poéticamente.

IV

Sobre la idea de "espacio" existen múltiples definiciones e implicaciones. No me detengo en ello, solamente tomamos aquí, por un lado, la idea que se refiere al espacio del pensar y del sentir, y por otro lado, los espacios que, mediante nuestros sentidos físicos, los seres humanos habitamos y en los que se expresa el imaginario. Ambas connotaciones se explican con claridad en la idea de "habitar".

La palabra habitar deriva de la palabra "hábito", y se refiere a todo tipo de actos que al manifestarse y practicarse cotidiana o regularmente forman costumbres, ritos, maneras de vivir. A este respecto, Octavio Paz, en su libro El laberinto de la soledad [6], nos dice que los mexicanos somos pueblo de hábitos ritualistas; por ejemplo, en las fiestas religiosas, tan cotidianas en nuestro entorno mexicano católico, todo se viste "...con sus colores violentos, agrios y puros, sus danzas, sus ceremonias, fuegos de artificio, trajes insólitos... Durante los días que preceden y suceden al 12 de diciembre (día de la Virgen de Guadalupe), el tiempo suspende su carrera... nos ofrece un presente redondo y perfecto, de danza y juerga, de comunión y de comilona con lo más antiguo y secreto de México...". Y en otro fragmento comenta: "La vida de cada pueblo está regida por un santo, al que se le festeja con devoción y regularidad... En esas ceremonias el mexicano se abre al exterior. Todas ellas le dan ocasión de revelarse y dialogar con la divinidad, la patria, los amigos y los parientes".

Aunque en nuestro mundo contemporáneo estamos sumergidos en una "sociedad del espectáculo que se percibe principalmente con la vista" [7], el imaginario urbano arquitectónico también, y quizá principalmente, nos envuelve y nos habita a través de todos los sentidos humanos. Leamos lo siguiente: ¿»Mercados sobre ruedas», o actuales centros comerciales? (...) prefiero los primeros porque los tianguis mexicanos están al aire libre; su espacio lo conforman una serie de carpas raídas y semiuniformes de varios colores, que tamizan el paso de la luz; (...) es escenario milenario y cotidiano donde todos actuamos en el (todavía vigente en nuestro país) «mundo trueque» (...) Es además un auténtico espacio democrático por donde cualquier tipo de gente puede acceder sin ningún impedimento o restricción social. La conformación y acomodo de los puestos en forma estrecha pero accesible permite que el «marchante» (como se nos dice a todos los que compramos o tan sólo pasamos por ahí viendo lo que se vende) se aproxime y provoque que se tenga un contacto casi cuerpo a cuerpo, donde los aromas: la fruta, las verduras, los perfumes, los alimentos, los sudores, se confunden formando una mezcla de vida homogénea.

Las mujeres desfilan en una interminable pasarela y los hombres no se cansan de admirarlas y piropearlas. El tianguis es un lugar de encuentro, de movimiento, un vaivén de alientos y respiraciones, de miradas, por donde cada uno pone las pupilas en lo que se le antoja, en lo que puede tocar, en lo que se quisiera llevar.

-¡Pruébelo jefa! -pregona el vendedor-, la probadita es gratis (…).

En otro ejemplo, Vicente Quirarte, en Biografía literaria de la Ciudad de México, cita a José Emilio Pacheco, quien se refiere a una percepción de la ciudad desde otros sentidos físicos, sobre todo desde el surrealismo que redefine cotidianamente nuestros espacios urbanos. Dice Quirarte: «José Emilio Pacheco deja testimonio de su admiración por la avenida donde la ciudad palpitaba, polifónica y fecunda» [8]: San Juan de Letrán... huele a tacos de canasta y de carnitas, a tortas compuestas, tepache, jugo de caña, aguas frescas, lámparas de kerosén, perfume barato, líquido para encendedores, dulces garapiñados, papel de periódico y revista, de librito de versos de Antonio Plaza y novelita pornográfica.

Es imposible caminar rápido porque la acera se encuentra atestada por los que (ya desde entonces) no tienen trabajo o acaban de llegar del campo y toman fotos instantáneas, pregonan billetes de lotería, venden toques eléctricos para probar la resistencia, huevos duros, charales, chupamirtos para la suerte en el amor, barajas españolas, lotos tic, estrellas cinematográficas, puñales con inscripciones retadoras, pañuelos bordados en que se imprime al instante el nombre de la persona amada, perros, pájaros, gatos, callicidas, lombricidas, pliegos de versos contra la policía, bandas pegajosas atrapamoscas, flores, ganzúas para forzar puertas y ventanas, juguetes populares de madera y hueso, agujetas, hojas de afeitar, corridos sobre la última huelga, navajas con destapador, sacacorchos y limas de uñas, imágenes del Sagrado Corazón y de la Virgen de Guadalupe, folletos de Stalin, condones, reverberos, lápices, distintivos metálicos, cuadernos con las canciones de moda, discos usados, macetas de pedacería (…).

Los ejemplos aquí citados y muchos otros enuncian, como ya decíamos, actos fundacionales que avían un permanecer y un pertenecer a, en un acto imperceptible de apropiación de un sitio para transformarlo en lugar…, en su lugar; todo ello gracias por, en y con el imaginario.

Conclusión

Si bien es cierto que en toda ciudad actual no podemos ignorar ni dejar de padecer muchas de las atrocidades e hibridaciones urbano arquitectónicas, las cuales en mucho son producto de la ingenuidad o de la ignorancia, tampoco podemos menospreciar la prevalencia y la evolución marginal del imaginario que únicamente puede manifestarse en ellas. Por lo tanto, como académicos, es esencial interesar a nuestros estudiantes en conocer, fortalecer, promover y dar libertad de manifestación a nuestro imaginario, particularmente en los espacios marginales.

Si todo espacio académico es por naturaleza marginal, es aquí donde podría promoverse el conocimiento, la validación y la evolución del imaginario y, en nuestro caso, de las formas urbano arquitectónicas en que se manifiesta. Así, las cuatro propuestas sugeridas en este trabajo podrían promoverse principalmente en la licenciatura de arquitectura, ya que es en ella donde se forman los arquitectos constructores de los espacios que habitaremos cuando, por la globalización, el mundo, ineludible e irreversiblemente, sea ya totalmente plano [9]. Para identificar al imaginario, para validarlo e interpretarlo correctamente, es necesario cultivar nuestra sensibilidad al entorno existencial y a los propios supuestos del habitar, sólo así nos podremos comprometer de otra manera, a la manera poética, con la arquitectura.

Notas
1. Worringer, Wilhelm, "La Esencia del Estilo Gótico", Barcelona: Ediciones Nueva Visión, 1973, p. 15.
2. Worringer, op. cit., p. 19.
3. Enciso, Erika, "La plaza de la convivencia comunitaria: ya existía, pero no había sido fundada", Recuperado de http://www.architecthum.edu.mx/Architecthumtemp/ensayos/eenciso/eenciso2.htm.
4. Heidegger, Martin, "Arte y poesía", México: FCE, 1992, p. 139.
5. Guajardo Ortiz, Laura, "La marginalidad espacial en El Aleph de Jorge Luis Borges: hacia una espacialidad de lo entrañable", Tesis de Maestría en Humanidades, México: Universidad Anáhuac, 1997, p. 27.
6. Paz, Octavio, "El Laberinto de la Soledad", México: FCE, 1997, pp. 53-71.
7. Debord, Guy, "La sociedad del espectáculo", Barcelona: Pre-Textos, 2003, (179 pp.).
8. Quirarte, Vicente, "Elogio de la Calle", biografía literaria de la Ciudad de México 1850-1992, México: Ediciones Cal y Arena, 2004, pp. 612-613.
9. Friedman, Thomas L., "The World is Flat, a Brief History of the Twenty-First Century", New York: Farrar, Straus and Giroux, primera edición, 2005.
* Ponencia presentada en el 52 Congreso de Americanistas, llevado a cabo en Sevilla España, julio de 2006 y posteriormente publicado en la Facultad de Arquitectura, diciembre de 2007.

Bibliografía

Bachelard, Gaston. "La poética del espacio", México: Breviarios Fondo de Cultura Económica, 1997.

Debord, Guy, "La sociedad del espectáculo", Barcelona: Pre-Textos, 2003.

Enciso, Erika, "La plaza de la convivencia comunitaria: ya existía, pero no había sido fundada", Recuperado de http://www.architecthum.edu.mx/Architecthumtemp/ensayos/eenciso/eenciso2.htm.

Friedman, Thomas L., "The World is Flat, a Brief History of the Twenty-First Century", New York: Farrar, Straus and Giroux, primera edición, 2005.

Guajardo Ortiz, Laura, "La marginalidad espacial en el Aleph de Jorge Luis Borges: hacia una espacialidad de lo entrañable", Tesis de Maestría en Humanidades, México: Universidad Anáhuac, 1997.

Heidegger, Martin, "Arte y poesía", México: FCE, 1992.

Paz, Octavio, "El laberinto de la soledad", México: FCE, 1997.

Quirarte, Vicente, "Elogio de la calle", biografía literaria de la Ciudad de México 1850-1992, México: Ediciones Cal y Arena, 2004.

Worringer, Wilhelm, "La esencia del estilo gótico", Barcelona: Ediciones Nueva Visión, 1973.

122

La tarea de los Arquitectos
El proyecto de Arquitectura, entre imaginar y construir

CARLOS MARCELO HERRERA

Introducción
El presente ensayo pretende indagar el campo en el cual se desarrolla el proyecto arquitectónico, entendiéndolo como intermediario entre una idea y su materialización, como una tarea dual situada entre la imaginación y la construcción del entorno habitable del hombre.

El Perfil de una Disciplina Cambiante
La mayoría de las historias de la Arquitectura que conocemos están planteadas desde un punto de vista: la describen como un sistema básicamente estable, fijo y constante; es decir, se limitan a la descripción más o menos ordenada de un corpus. Coincidimos con Marina Waisman en preguntarnos: "¿No ha cambiado, acaso, hasta tal extremo el objeto Arquitectura como para que le sea imposible reconocerse en su figura pasada, en la que aún no habían dado comienzo las transformaciones que lo llevarían al estado actual?" [1].

Así, cualquier intención de definir a la Arquitectura es partir de un supuesto equivocado: el de que "Arquitectura", "obra de Arquitectura", "edificio", son susceptibles de recibir una definición válida a través del tiempo. Esta concepción y modo histórico de hacer Arquitectura se han acumulado e integrado en un saber durante más de dos mil años, configurando paradigmas históricos y esquemas modélicos.

La base para establecer el concepto de Arquitectura reside en la capacidad de comprenderla como "sucesivas instituciones culturales", definidas respecto de una realidad social e histórica en un espacio-tiempo perfectamente identificado.

Cuatro enfoques complementarios

Nos aproximaremos a varias concepciones de Arquitectura, siguiendo los pasos del arquitecto César Naselli [2], quien enfoca la disciplina desde cuatro posiciones integradas.

Arquitectura como saber

Es la noción académica, epistemológica y científica. Abarca el conjunto de fundamentos, hipótesis, teorías y pensamientos elaborados sobre la realidad física que construye el hombre, así como el saber sobre las prácticas que implica utilizar aquellos conocimientos para hacerlos realizables y conseguir las mejores condiciones de habitabilidad. Implica conocer las materias que conforman la Arquitectura y con las que trabaja el arquitecto.

Arquitectura como conjunto de prácticas

Son las actividades fundadas en el saber descrito que tienden a concretar los objetos arquitectónicos. Es el campo donde se comprende el proceso general de Diseño, formado por un conjunto de actividades articuladas:

Proceso de ideación: Implica una pulsión del diseñador consigo mismo y con el contexto de producción del que surgen las ideas generadoras del diseño y las formas básicas del objeto arquitectónico. Involucra la conversión de lo abstracto a expresiones simbólicas o analógicas, ya sean conceptos o imágenes.

Proceso de formalización: Consiste en la traducción de imágenes y conceptos a formas de apariencias y significados arquitectónicos. Formas que se expresan con lenguaje de diseño arquitectónico (recintos, envolventes, pisos, techos, muros, columnas, etc.).

Proceso de proyecto: Es territorio del oficio profesional el traducir esas ideas y formas a un lenguaje gráfico y técnico que permita construirlas en la realidad. Abarca los procedimientos técnicos, legales e institucionales, sociales, laborales y/o económicos para que puedan concretarse en su contexto de construcción. Comprende el conocimiento de técnicas e instrumentos de resolución de la proyectación y de su gestión.

Proceso de materialización: Es el más condicionado por el contexto técnico y económico de producción de los objetos arquitectónicos, y que puede alterar las otras actividades de la producción.

Arquitectura como producto de prácticas
Esta noción entiende a la Arquitectura como el grupo de objetos físicos construidos en el espacio-tiempo. Es la idea habitual y colectiva de "Arquitectura" que la vincula con los edificios y construcciones. Por su concreción espacio-temporal, la arquitectura es un hecho histórico integrado en la historia humana que expresa los valores excelsos de una cultura.

Es el conjunto de modificaciones del entorno natural producidas por la práctica de un instinto ancestral humano: construir y habitar vinculados a la existencia.

Arquitectura como profesión
Esta idea se comprende como el ejercicio de las prácticas que concretan el conjunto de objetos arquitectónicos, ejercidas con un sentido de servicio y una finalidad ético-social. Éste ejercicio se desarrolla dentro de un marco de referencia definido por una ideología y una serie de principios que caracterizan la configuración y naturaleza de los objetos que se diseñan. Son las alternativas que ofrece el ejercicio profesional y las asimila a una práctica u oficio jerarquizado y especializado.

La Tarea de los Arquitectos
Comprenderemos que no siempre la profesión fue entendida con esas características y, haciendo una breve revisión de las tareas desempeñadas por los arquitectos durante la historia de la humanidad, resulta interesante descubrir bajo qué condiciones desarrollamos nuestra tarea principal (la de proyectistas), y entonces caer en la cuenta que nuestro campo de actuación profesional es cada vez más reducido y específico dentro de una sociedad dinámica. Un acercamiento para tipificar las tareas del arquitecto, comienza en el "architecttore", descrito por León Battista Alberti como aquel que "sabrá con regla y razón, cierta y maravillosa, imaginar con la mente y el espíritu y llevar a cabo en la práctica todas aquellas cosas que mediante el movimiento de

pesos, unión y ensamble de cuerpos pueden, con gran dignidad, muy bien acomodarse al uso humano." [3]

Esta figura del arquitecto en el ámbito social renacentista responde a una reelaboración de las relaciones proyectuales. La profesión se convierte en una ars liberalis diferente a la ars maecanica: separa el trabajo manual del intelectual adquiriendo así autonomía propia.

Podemos diferenciar dos modos de abordar el proyecto: como documento e historia de la formación de una imagen arquitectónica, o bien, como la organización de esa imagen según una serie de anotaciones (bocetos, anotaciones, gráficos, con los que se exploran y seleccionan los datos del problema) dirigidas a la comunicación del proyecto para su correcta ejecución.

Debido a una marcada separación entre el proceso de diseño y el proceso de producción de un objeto, la previsión de todos los elementos debe ser cada vez más precisa, completa y coherente, anticipando racionalmente los resultados. En otras palabras, no debe albergar dudas en sus resultados; no obstante parece ser que "la duda se presenta como el territorio más adecuado para desarrollar el proyecto de arquitectura". Según Fernández Alba, el origen del término Arquitectura así lo expresa: arch es "comienzo, dirección, iniciativa", y tekton es "invención, configuración"; deberíamos entenderla como "itinerario de invenciones, conjunto de iniciativas figuradas, actividades creativas, arte de construir con solidez científica y con elegancia no caprichosa." [4].

Así, entenderemos que al arquitecto le es inherente la capacidad de anticipar formas y ámbitos espaciales, para después construirlos en la realidad adaptándolos a la vida del ser humano. Y puesto que la Arquitectura es constructiva por naturaleza, el trabajo del arquitecto se presenta como una dualidad entre imaginar y construir el ámbito de la morada del hombre.

Dentro de esta labor, el arquitecto se comporta según dos formas de proceder complementarias: por un lado, se sitúa como filósofo tratando de reflejar estructuras lógicas (las proporciones mentales del espacio), empleando leyes de composición, de estética y del saber técnico en su intención de desarrollar una concepción espacial; por otro lado, regresa a su etimología más precisa, la de ser conocedor de la práctica en el arte de construir, y no sólo de las leyes que configuran la formalización heurística del proyecto.

El hecho de construir el lugar como ambiente imaginario es factible; pero adaptarlo a la realidad implica ciertos límites. No obstante, este aparente absurdo, "construir la realidad desde lo imaginario", resulta ser la mejor síntesis del proyecto de arquitectura.

Una Secuencia de Acontecimientos

Un joven arquitecto le plantea un problema a Louis Kahn: "Sueño espacios llenos de maravilla, espacios que se forman y se desarrollan fluidamente, sin principio, sin fin, constituidos por un material blanco y oro, sin junturas. Cuando trazo en el papel la primera línea para capturar el sueño, el sueño se desvanece." [5] Nos acercamos así a la complejidad de una cuestión que involucra a las dimensiones inconmensurables y a las mensurables.

Y como todo pensamiento es difícilmente separable de su modo de expresión y de sus formulaciones, es inevitable hacer la misma conjetura en el ámbito del diseño. Al aproximarnos al término "diseño", vemos que existen tres interpretaciones posibles de la palabra inglesa design, a saber: "dibujo" como actividad gráfica; "proyecto" como dibujo que ilustra una idea; e "idea" en su sentido concreto.

Por otro lado, Jorge Sainz nos aclara que la concepción de diseño, del italiano Zuccari, consiste en la conjunción de dos componentes: "el diseño interno, es decir, la idea que el artista tiene en su mente y que trata de comunicar al mundo; y el diseño externo, el dibujo o representación gráfica, que es la forma concreta en la que se reflejan las ideas anteriores". [6] Así el término diseño abarca, de manera amplia y diversa, desde la tarea intelectual del arquitecto hasta la propia realización gráfica de la delineación.

Identificamos dos conceptos complementarios y estrechamente vinculados, los conceptos de "idea" e "imagen". Por un lado, el término "idea" significa "representación de una cosa en la mente", es sinónimo de "concepción". "Idear" significa "imaginar, formar en la mente la idea de una cosa, pensar, proyectar, inventar". Por otro lado, "imagen" es "representación de una cosa", sinónimo de "idea, descripción, semejanza, símbolo o figura".

La diferencia fundamental entre idea e imagen reside en el lugar en donde se presentan: la "idea" se da en la mente, mientras que la "imagen" se presenta fuera de ella. En este marco intuimos que la elaboración del proyecto de arquitectura implica el desarrollo de un proceso creativo, que requiere de invención y de imaginación. Asimismo se entiende que el término proyectar significa: "arrojar hacia adelante, lanzar,", y también: "concebir, discurrir, elaborar, dar forma, idear, trazar."

Coincidiendo con César Naselli, decimos que "el proceso es el desarrollo de los estadios de un fenómeno dinámico que tiene en su transcurso una transformación, mutación, variación del mismo o la aparición de otros fenómenos coexistentes".

Ese conjunto de acontecimientos, requiere de un método, un camino en el que se ordenen las actividades y economicen los esfuerzos invertidos, con la finalidad de organizar, delimitar y definir la forma y dimensiones de la totalidad espacial. Esa anticipación virtual en que consiste el proyecto arquitectónico se concreta en una serie de dibujos, gráficos, anotaciones, y conlleva una dificultad que reside en decidir y representar, mediante una abstracción gráfica, las propiedades de un espacio del que no se conocen su forma ni sus dimensiones. Podemos decir que los sistemas de representación empleados en esta labor están vinculados a la estructura del espacio euclidiano (tridimensional), y a su representación geométrica mediante proyecciones y secciones.

Estos sistemas presentan limitaciones importantes, siendo la central la que se enfrenta con la idea de modificación temporal y espacial, elemento característico de la experiencia arquitectónica, sumada a las múltiples dimensiones del espacio arquitectónico. Ante esta situación, afirmaremos junto con Gregotti que "el medio de representación no resulta jamás ni indiferente ni objetivo; más aún, jamás es medio pues indica y forma parte de la intención proyectual"[7], puesto que se trata del diálogo proyectual entablado con la materia arquitectónica y con la propia representación como materia. Agrega Gregotti que "el ejercicio del diseño, (el uso) del instrumento para representar el objeto, constituye la única relación corpórea que el arquitecto mantiene con la materia física que debe formar, es su última manualidad y él (nosotros) debe(mos) defenderla encarnizadamente".

Cabe cuestionarnos de qué manera podemos combinar coherente y contextualmente pensamiento, espacio arquitectónico y realidad; si podemos atribuirlo a las dificultades y limitaciones de los medios gráficos, o bien, es resultado de la incapacidad de los arquitectos de lograr la integración entre aquellos aspectos de la disciplina.

Un Lenguaje Propio
Las principales inspiraciones humanas han sido las de aprender, vivir, trabajar, encontrar, interrogar y expresar. Según Louis Kahn "el objetivo de la vida es expresar" y, puesto que el hombre vive para expresar, el arte se convierte en el único lenguaje humano, como el momento en que "la voluntad de ser, de expresar", se convierten en voluntad de hacer. Mientras que para Heidegger, "el hombre es el lenguaje y es el que dice", hemos de coincidir que la Arquitectura, en su papel de lenguaje de piedra, "habla y revela".

Mientras que en un poema las palabras se reúnen de un modo ordenado para rimar y cuadrar en un número de sílabas, y gracias a su montaje hacer mucho más, los espacios construidos se inician con la composición sencilla de elementos físicos, que por su manera de vincularse comienzan a dar cuerpo a las dimensiones mágicas.

Parafraseando a Rilke en "Cartas a un joven poeta": "Intenta decir, como si fueras el primer hombre, lo que ves, lo que vives, lo que amas y pierdes. Allí donde se presentan en gran número tradiciones seguras, el poeta (arquitecto) no puede realizar obra personal sino en plena madurez de su fuerza. Utiliza para expresarte las cosas que te rodean, las imágenes de tus sueños, los objetos de tus recuerdos". [8]

Pero el arquitecto no se vale de las palabras para imaginar sus obras, sino del proyecto conformado por planos o dibujos. En su tarea se vale de tres medios para manifestar y transmitir sus ideas: el lenguaje natural, el lenguaje gráfico y el lenguaje arquitectónico. Si definimos los grados de especificidad (de menor a mayor) de cada uno de estos lenguajes a partir de su vinculación con la arquitectura como totalidad, la disposición establecida sería la siguiente: el más acostumbrado es el lenguaje natural; el lenguaje gráfico se asimila como medio para construir una obra específica, adquiriendo además un valor en sí mismo; así, el lenguaje arquitectónico el más preciso de todos.

Es así que podemos coincidir en que el ámbito en que se sitúa el dibujo de arquitectura posee una posición intermedia entre el lenguaje natural y el lenguaje arquitectónico. Pero además de su condición de medio de comunicación, "la representación gráfica forma parte de los sistemas de signos que el hombre ha construido para retener, comprender y comunicar las observaciones que le son necesarias. Como lenguaje destinado a la vista, disfruta de las propiedades de ubicuidad de la percepción visual. Como sistema monosémico, constituye la parte racional del mundo de las imágenes". [9].

El lenguaje gráfico es monosémico, puesto que se conoce el significado de cada signo con anterioridad a la observación del conjunto de los signos. Entonces, si un sistema es polisémico, la significación es posterior a la observación y se deduce del conjunto de los signos. La significación es entonces personalizada y discutible. El dibujo tiene una capacidad limitada para transmitirnos algunas características del mundo que nos rodea. Es evidente que ninguna representación puede sustituir al conocimiento directo de la realidad. En el campo de la arquitectura, ni el más exhaustivo conjunto de planos, vistas, fotografías, películas y maquetas, podrá reemplazar nunca a la experimentación real y personal de los valores arquitectónicos de un edificio concreto. Al respecto coincidimos con Bruno Zevi quien sostiene que "(...) donde quiera que exista una completa experiencia espacial para la vida, ninguna representación es suficiente (...)". [10].

Lo importante es señalar que entre los objetivos o pretensiones de la representación gráfica no se encuentra el de sustituir a la experiencia directa sino, en todo caso y de una manera absolutamente convencional y parcial, al objeto que se quiere experimentar de un modo imperfecto y a través de los diversos sistemas de proyección.

De todos modos podemos destacar las características que diferencian los sistemas de representación y que los convierten en medios de pensamiento y herramientas afiladas para el proceso de proyecto. Por un lado, el Dibujo Organizativo, caracterizado por tener las mejores condiciones para organizar los elementos que definen la materialidad del espacio arquitectónico, incluye a las Proyecciones diédricas; en segundo lugar, el Dibujo Objetual está más vinculado a las características físicas de la realidad, es decir, que Objetualiza y está constituido por las Proyecciones paralelas. Por último, el Dibujo Perceptual tiene en cuenta la captación del espacio desde la posición de un ser que percibe a través del sentido de la vista: corresponde a las Proyecciones cónicas.

Una Aproximación Conclusiva y Provisoria
Comprendiendo el proyecto de arquitectura como un suceder de acontecimientos coherentes a través de los cuales debemos organizar una realidad objetiva, éste debe de asumir el rol de "mediador entre fantasía y realidad" para hacer factible la "construcción de aquel lugar que ha de edificar el ser". Desde esta posición estamos obligados a provocar una forma de revisar los límites e implicaciones de nuestra actividad profesional, es decir, deberemos adoptar actitudes que nos sitúen en condición de imaginar espacios más saludables, una arquitectura que supere la condición de la materia y dignifique el espacio habitable del ser humano. Junto con Gregotti, decimos que "jamás podremos revolucionar la sociedad mediante la arquitectura, pero podemos revolucionar la propia arquitectura y de ello precisamente es de lo que se trata" [11].

Notas
1. Tudela F., "Arquitectura y proceso de significación", México: Edicol, 1980, p. 15.
2. Naselli C., "Diseño Arquitectónico", texto inédito, Maestría en diseño, FAUD UNSJ, Argentina, 1997.
3. Tudela, *op. cit.*, p. 19.
4. Fernández, Alba, "La Metrópoli vacía, aurora y crepúsculo de la Arquitectura en la ciudad moderna", Barcelona: Anthropos, 1990, p. 103.
5. Schultz, N., et al, "idea e imagen", Barcelona: Xarait, 1980, p. 60.
6. Sainz J., "El dibujo de Arquitectura, Teoría e Historia de un lenguaje gráfico", Madrid: Nerea, 1990.
7. Gregotti, V., "El territorio de la Arquitectura", Barcelona: Gustavo Gili, 1972, p. 26.
8. Plazaola, J. "Introducción a la estética", Madrid: Católica, 1973.

9. Sainz, *op. cit.*
10. Zevi B., "Saber ver la Arquitectura", Buenos Aires: Poseidón, 1951, pp. 164-188.
11. Gregotti, V., *op. cit.*, p. 31.

Bibliografía

Fernández, Alba, "La Metrópoli vacía, aurora y crepúsculo de la Arquitectura en la ciudad moderna", Barcelona: Anthropos, 1990.

Gregotti, V., "El territorio de la Arquitectura", Barcelona: Gustavo Gili, 1972.

Naselli C., "Diseño Arquitectónico", texto inédito, Maestría en diseño, FAUD UNSJ, Argentina, 1997.

Plazaola, J. "Introducción a la estética", Madrid: Católica, 1973.

Sainz J., "El dibujo de Arquitectura, Teoría e Historia de un lenguaje gráfico", Madrid: Nerea, 1990.

Tudela F., "Arquitectura y proceso de significación", México: Edicol, 1980.

Zevi B., "Saber ver la Arquitectura", Buenos Aires: Poseidón, 1951.

134

El susurro
de la arquitectura

FEDERICO MARTÍNEZ REYES

"Los días se parecían unos a otros; exteriormente eran iguales, pero se sentía cómo nos internábamos paso a paso en el verano."
(Arredondo, 1988).

Muchos son los intentos que han existido por comparar a la literatura con las artes visuales y, con ellas, a la arquitectura. Algunos de estos intentos han convertido a los elementos de la arquitectura, como a las columnas, a los muros o a los ornamentos, en una especie de lenguaje y, por lo tanto, según su disposición, se sostiene que los edificios dicen cosas, gritan o susurran. Estas comparaciones, cuya finalidad común es la de justificar a la arquitectura como arte, muchas veces se quedan a un nivel semiótico, en donde cada elemento arquitectónico representa un signo determinado cuyo significado es muy impreciso. Es un lenguaje superficial. Han existido esfuerzos por evitar tales comparaciones, pero la arquitectura no escapa de la literatura por completo, sobre todo, porque hay obras que han dedicado muchas letras a las descripciones de objetos arquitectónicos como en el caso del libro *El nombre de la rosa*, de Umberto Eco, donde el autor describe la portada de un templo románico [1] frente a la que Adso, novicio que aspira a monje, se queda arrobado por la cantidad de esculturas que adornan los arcos y los tímpanos que enmarcan el acceso al templo; o la descripción de ese lugar en el que Kafka, en su novela *El Proceso*, ubica el primer interrogatorio al que K. se ve sometido. En ambos casos la descripción hecha de las espacialidades ayuda a generar un ambiente que envuelve al espectador en lo profano y místico de un templo y en lo angustioso y nebuloso de un proceso de desconocido origen, respectivamente.

Si bien la arquitectura como tal no está presente, sí hay una representación de ésta que ayuda al escritor a lograr determinados efectos en el lector. Este tipo de representación arquitectónica sí permite hacer una lectura más clara, aunque a veces no sea tan fácil, del edificio que se representa o de las intenciones que se deducen de ese edificio representado, pues el uso del lenguaje lo permite. Muy distinto a intentar descubrir lo que un elemento arquitectónico representa con solamente verlo, por ejemplo ver una arcada e interpretar lo que ésta significa en el objeto arquitectónico. Sin embargo, cuando un arquitecto diseña no deja de lado las significaciones de lo que diseña, siempre tomando como destino de esas significaciones el objeto arquitectónico. Pero sus intenciones se diluyen en las formas de los edificios, en éstos son otros quienes los cargan de valores, similar a lo que pasa con la literatura cuando un texto sale del escritor y comienza su viaje itinerante por los ojos de los lectores, quienes a su vez reinterpretan lo escrito. Como los escritores, el arquitecto que diseña cuenta historias que, cuando la arquitectura existe, difícilmente podemos mirar. Miramos los muros y los pisos y las losas: todo está construido y nos basta. Pero, diluidas, no sabemos nada de las historias que existen detrás de todo aquello, en lo otro, en lo dibujado, en donde se trazaron historias con las líneas en el plano, esas historias que obligaron al diseñador a preferir una altura sobre la otra o un acceso más pequeño y profundo, porque hay que llenarlo de sombras y de aire frío, o una ventana tímida en el centro del muro, porque si miras bien cuando te levantas de la cama verás el campanario del templo de Santo Domingo.

De la misma manera en que transformamos las historias literarias a nuestra imagen y semejanza, las arquitecturas se vuelven escenarios, hojas en blanco, que nos permiten escribir nuestra propia historia. Como en la literatura, el mismo cuento, el mismo poema, las mismas letras que leemos todos, pero qué historias tan diferentes reconstruimos. Recuerdo un ejercicio en el cual se tomaron varias fotos a los departamentos tipo de un edificio de condominios. Las mismas medidas, la misma ubicación de puertas y ventanas, las mismas alturas. Pero cada habitante transformaba la arquitectura y la adaptaba a sus hábitos. Desde la elección de los muebles y su disposición pasando por los colores de los muros y las pequeñas remodelaciones a los acabados originales, algunos muros tapizados y otros con pasta, o los pisos de unos departamentos cubriendo con alfombras las losetas desnudas que mostraban otros. En este edificio diseñado bajo la producción de viviendas en serie, todos miraban la misma arquitectura y reconstruían tomando en cuenta su propia habitabilidad. La misma persona puede leer dos veces el mismo poema y significarlo ambas veces de maneras distintas. Las situaciones en las que nos encontramos hacen que leer un texto sea como bañarnos en el mismo río. Así, lo departamentos tipos no se habitan nunca de la misma manera, ni siquiera por el mismo habitador.

En la literatura hay algunos ejemplos que muestran cómo aparentes pequeñeces de una casa se vuelven la perfecta hoja en blanco, que permiten al habitador reinterpretar a los objetos y escribir una historia que se aleja de las primigenias intenciones del diseñador. En el cuento *El Estío*, Inés Arredondo cuenta la vida de una madre con su hijo, Román, quien invita a vivir a Julio, su compañero de universidad, con ellos. La casa en sí nunca aparece representada, sabemos que existe porque es nombrada en el momento en que Julio es invitado a vivir en ella, pero la autora no la describe. Ciertamente, no es necesaria su descripción porque los eventos se desarrollan en el sutil erotismo de los cuerpos, sobre todo, en la sensible piel de la madre. Y es aquí donde la casa, diseñada en sus inicios con intenciones propias de un momento determinado, se vuelve también piel y solamente piel: exterioridad. En el cuento *El estío*, esta casa apenas nombrada resguarda una historia edípica. Dos componentes de la casa, el piso y el techo de su recámara, miran cómo el deseo de la madre trata de acallarse y cómo, sin éxito, su pecho se agita anhelando lo imposible. En un momento de excitación reprimida, la madre intenta calmar el calor del verano y el suyo propio, recostándose, boca abajo y desnuda, sobre el *piso helado de cemento*. Y al final del cuento aparece otra vez la alcoba de la madre, cuando espera acostada la llegada de su hijo Román y de Julio, desnuda nuevamente y esta vez mirando el cielo nocturno a través de las rendijas de su techo de ramas. También es la recámara de la madre el escenario de los labios que besan a Julio y pronuncian el nombre sagrado y con ello las ansias del incesto largamente reprimido.

En el cuento no existe la casa sino la recámara y sus delgadas y sensibles pieles que tocan con el piso de cemento helado, el cuerpo de la madre y, desde lo alto del techo, un techo que como un velo deja apenas ver entre las rendijas de las ramas las estrellas, tal como se ve lo prohibido a través del ojo de una cerradura, el deseo fijo en sus ojos incestuosos. Nuestro paso por las arquitecturas es una reescritura de lo que alguna vez alguien diseñó y, como en el caso de la recámara de la madre de Román, es una valoración o revaloración de los elementos aparentemente insignificantes, como los pisos helados de cemento, que gracias a Inés Arredondo logran evocar el erotismo de la mujer. El piso de cemento no dice nada, no nos dice nada, pero a través de la literatura podemos llenar ese vacío que los diseñadores solamente pueden hacer patente cuando justifican un proyecto frente a su cliente, sin embargo, dudo mucho que algún diseñador pretenda que en la recámara diseñada se cometa un incesto. Ningún arquitecto sabe lo que sucederá con aquello que diseña, de hecho muchas veces no sabe si llegará a construirse y si se construye, no sabe qué tan alejados estarán sus dibujos y sus planos, hechos con ciertas intenciones de uso y de sucesos imaginados, de los eventos que se desarrollarán en cualquier lugar de lo que se construya. El significado de las cosas se entiende entonces más con la palabra que con los elementos arquitectónicos y es el habitador quien, en el uso de los objetos, los significa. Estos significados van más allá de los diseños, van más allá de lo aparentemente igual de las espacialidades o de los departamentos tipo y se guardan secretamente al interior de cada uno de nosotros, generando un diálogo constante entre el escenario y nuestras propias historias. Es en este interior en donde los edificios nos gritan, nos hablan, nos susurran.

Notas

1   La mayoría de los elementos descritos en esta portada existen en el Pórtico de San Pedro, de la Abadía de Moissac, Francia.

Bibliografía.

Arredondo, Inés, "El Estío", (1988). Recuperado de http://www.loscuentos.net/forum/5/12248/ (14 de julio, 2013).
Eco, Umberto, "El nombre de la rosa", México: Random House Mondadori, Debolsillo, 2007.
Kafka, Franz, "El proceso", Madrid: Nordica, 2008.

//

El Tao en la arquitectura

MIGUEL ÁNGEL OROZCO MEDINA

Introducción
Primeramente, me gustaría aclarar que en este artículo trataré de describir de forma analítica y a la manera occidental, algunos conceptos y términos del pensamiento taoísta que son difíciles de separar, ya que en Oriente los conceptos no son dogmáticos, son conceptos interrelacionados que responden a una forma poética o metafórica que refleja toda una concepción ideológica detrás de ella. No hay una "lógica a seguir", en el estricto sentido Occidental, sino que hay que dejarse llevar por ese flujo Oriental. Como primer punto en este ensayo quiero citar algunos pensamientos de la filosofía taoísta para irnos introduciendo en el ambiente Oriental y en particular en el de Japón, después explicaré, de manera breve, cómo concibe el espacio un japonés, citando como ejemplos el espacio sagrado, el espacio *"Ma"* y el *"Engawa"*; a continuación se dan algunos objetivos y cánones de la estética taoísta y como ejemplo de estos se explica la ceremonia en la cámara del Té junto con el *"Rozi"*, seguido de esto y como ejemplo de la vigencia de estos principios filosóficos cito la arquitectura de Kikoo Mozuna la cual tiene un fuerte fundamento en el simbolismo, por último doy una pequeña reflexión.

Principios Filosóficos
- Armonía: El taoísta considera al universo como un sistema interrelacionado en armonía y en constante cambio.
- Sentidos: Para el taoísta los sentimientos y los sentidos son las puertas de la percepción, puertas por las que el espíritu liberado vuela [1].
- Naturaleza: Acepta seguir como modelo de sabiduría a la naturaleza.
- Vacío: Contrario a lo que cabría esperar en las culturas occidentales, los aspectos considerados negativos del

mundo, como son: el vacío, la oscuridad, el no ser, etc., en la cultura oriental estos conceptos han desempeñado y desempeñan un papel decisivo en el desarrollo de las artes teniendo su centro de gravedad en el concepto del vacío. El vacío es más importante que lo lleno, la realidad de una habitación está en su espacio libre y no en los techos y muros, es ahí donde se da el movimiento, en el cual se encuentra lo intangible, los fenómenos psicológicos, las vivencias etc. Para explicar mejor esto, a continuación cito el fragmento de un poema del libro *"Tao Te King"*: Se abren puertas y ventanas en las paredes de una casa; y por los espacios vacíos es que podemos utilizarlas (Lao Tze) [2].

- Dualidad: Su principio filosófico respecto a la dualidad de la existencia de fuerzas aparentemente opuestas en el mundo, pero en realidad son complementarias, nos da pauta para jugar y/o armonizar los diseños arquitectónicos con elementos como son el vacío y lo lleno, la oscuridad y la luz, edificación y naturaleza, dentro y fuera, tecnología y tradición, espacio profano y espacio sagrado, etc.

Espacio Sagrado

A propósito de espacio sagrado quiero comentar que, no hay espacio sagrado sin la presencia del hombre, pues el hombre es parte del universo, de esa creación divina, de ese todo. El espacio sagrado depende de la percepción del individuo, la oscuridad y el vacío son las características más importantes de este espacio, es en la oscuridad donde el sentimiento de lo sagrado adquiere dimensiones cósmicas. Hablando de espacio quiero explicar de manera breve la concepción de éste para un taoísta.

Espacialidad

La espacialidad japonesa tiene un fuerte componente experimental [3], por ejemplo en un viaje lo interesante está en el propio viaje, en el camino que lleva de un lugar a otro, y no tanto en el punto de destino. En algunos recorridos de los proyectos arquitectónicos japoneses se produce un cambio en la concepción espacial: de un espacio de "penetración" se pasa a un espacio de contemplación. El espacio no está condicionado por sus formas y medidas, sino que es percibido por medio de los cinco sentidos, que se despliegan en el espacio-tiempo [4]. Con todo lo anteriormente dicho, uno se puede dar una idea de la concepción de la espacialidad japonesa y de que el concepto de espacio no está separado del tiempo sino que es un solo concepto: espacio-tiempo. Y de aquí nace un vocablo llamado "Ma".

"El Ma"

El vocablo *"Ma"* es muy amplio de describir, pero para efectos de conceptualización lo describo en dos términos. En términos espaciales, la distancia natural entre dos o más cosas que existen en continuidad; en términos temporales, la pausa natural o intervalo entre dos o más fenómenos que se suceden. El *"Ma"* se presenta en el diseño de los caminos de piedras de las casas tradicionales japonesas, las piedras determinan la forma en que se caminará, organiza el proceso del movimiento de un lugar a otro, determina el ritmo de desplazamiento, presentando una perspectiva distinta desde cada piedra del camino. El *"Ma"* se asoció al Kami (espíritu) e indica el lugar donde éste desciende, estableciendo la frontera entre el espacio profano y el espacio sagrado. Otro espacio que surge del pensamiento taoísta, a partir de ese principio de la dualidad, es el *"engawa"*.

"Engawa"

Como manifestación de ese equilibrio de fuerzas conocidas como el yin y el yang, nace el *engawa* espacio japonés que está comprendido por debajo de los grandes alerones de la casa, este espacio es denominado espacio gris, es un espacio que rompe con la tensión de opuestos interior-exterior, se unen y se confunden, o bien es una técnica de crear una continuidad entre naturaleza y edificio. Ahora bien para poder entender mejor estos espacios japoneses, quiero decir que estos espacios además de tener fundamentos filosóficos, tienen sus principios estéticos, algunos de los cuales se describen a continuación en su estética.

Estética Taoista

En la antigua China se remitían a la observación de la naturaleza y buscaban la integración con ella, en este sentido se puede considerar una estética ecológica. La concepción del espacio, depende de la percepción del individuo por lo cual, mencionaré algunos de los objetivos y los cuatro cánones a seguir de la estética taoísta. Sus objetivos buscan una concepción del arte que ha tenido que cumplir con la función social de hacer consciente al subconsciente, abrir las puertas de la percepción y dar forma expresiva a los grandes temas, aquí la belleza penetra gradualmente. Y los cánones en la estética taoísta contemplan cuatro umbrales: Empatía (resonancia y armonía), ritmo vital, reticencia y vacío.

- El primer canon es conseguir resonancia entre perceptor y percepción, entre la obra de arte y quien la recibe. En Occidente esta armonía estética se llama Empatía (sentir en). Es la creación en el espectador de una identificación emocional instantánea.
- Ritmo Vital.- pretende captar los movimientos vitales del espíritu a través de los ritmos de la naturaleza. Recibir el *"chi"* (energía vital) emanado por los objetos y comprender el estado de ánimo de cada cosa. Captar y ser poseído a la vez por el ritmo vital del espíritu [5]. (como ejemplo dentro del arte occidental tenemos la obra de Leonardo da Vinci con su Gioconda donde capta en esa sonrisa el estado de ánimo de la persona).
- Reticencia y sugestión.- Decir sin decir; es el mensaje que no se da; lo que se sugiere no se debe decir. Al no decirlo todo, el artista deja al espectador ocasión para completar su idea, hay allí un vacío que podemos penetrar y que podemos llenar cumplidamente con nuestra emoción artística. La verdadera belleza sólo puede descubrirla quien mentalmente haya contemplado lo incompleto. Las formas incompletas dan un cierto dinamismo al objeto, pues la mente siempre tiende a complementar lo incompleto. Crea formas asimétricas que tienden hacia la naturalidad, libertad y originalidad.
- Soledad sonora (Vacío).- tratar el espacio vacío como un factor positivo; no como algo que hay, y que queda por llenar y sobra, sino como el seno materno de las formas.

Como ejemplo de un espacio arquitectónico donde se reúnen los pensamientos taoístas y sus principios estéticos tenemos a la cámara del "té".

La cámara del té

De acuerdo con el pensamiento taoísta de que los sentidos son las puertas de la percepción a continuación describo a manera de ejemplo la cámara del té. Está basada en la adoración de lo bello, por sobre todas las vulgaridades de la existencia cotidiana, la filosofía del té no es una estética sencilla con la ordinaria acepción del vocablo, porque nos ayuda a experimentar, conjuntamente con la estética y la religión, nuestro concepto integral del hombre con la naturaleza, es una higiene, puesto que obliga a la limpieza. El espíritu de la ceremonia es limpiar los sentidos de la contaminación. Mirando la pintura y las flores, los sentidos de la vista y el olfato se limpian; escuchando el agua en la tetera y el goteo de la pipa de bambú, el oído se limpia; degustando el té, el del gusto se limpia; y al tener en la mano los utensilios del té, el del tacto se limpia. Cuando todos los sentidos están limpios, la mente está limpia de contaminaciones; que finaliza con la apertura de un panel superior que permite la entrada de la luz.

Es una economía, puesto que demuestra que el bienestar se da más bien en la sencillez que en la complejidad y el despilfarro, la simplicidad de la decoración se desarrolla junto al embellecimiento exuberante o la oscuridad comparte el espacio con la luz, es una geometría moral, puesto que define el sentido de nuestra proporción en relación con el universo. Es así mismo la "Casa del Vacío", porque está desnuda de ornamentación y se puede colocar en ella libremente alguna cosa inacabada, que los juegos de la imaginación acabarán a su gusto para satisfacer cualquier fantasía estética. Significa la concepción de una necesidad de cambiar continuamente los motivos ornamentales. Para llegar a la cámara del "te" y recordando que la belleza penetra gradualmente y que el espacio se experimenta, tenemos un pasillo para comunicarse con la cámara del "te" ya que ésta no se encontraba al principio de la casa sino preferentemente en la parte posterior, este pasillo se llama *"rozi"*.

El *Rozi*

El *"Rozi"*, pasillo que atraviesa el jardín y conduce desde el pórtico a la cámara del té, significa el primer grado de la meditación, el paso a la auto- iluminación. Romper todos los lazos con el mundo

Miguel Ángel Orozco Medina

exterior y prepara al visitante, con frescura para los puros goces estéticos. Con todo esto nos damos cuenta que el participante en la ceremonia del té, no experimenta el espacio por medio de un golpe de vista, sino que la vivencia espacial es gradual. Y bien uno se preguntaría si estos fundamentos tanto estéticos como filosóficos tendrían vigencia en la actualidad, ¡pues sí!, ya que arquitectos japoneses como son Tadao Ando y Kikoo Mozuna utilizan en la actualidad estos principios, principalmente el segundo que llama a su arquitectura, "arquitectura cósmica".

Arquitectura cósmica

Como ejemplo de que hay subsistemas dentro de sistemas y tomando como modelo a la naturaleza, Kikoo Mozuna, nos da su concepción mística de la arquitectura, esta se da a raíz de proteger al individuo del crecimiento caótico y grandioso del medio urbano. Para lo cual el diseño tuvo que centrarse en el espacio interior, creando un pequeño mundo interior, o todo un universo, en el que se establece una relación entre el espacio y la persona. La casa es el lugar donde el individuo vive y se aísla del mundo, es el elemento más importante de la arquitectura. La casa es el centro de mi mundo y todo un universo [6]. La arquitectura cósmica tiene tres aspectos: el celestial, el terrestre y el humano, es un mundo trinitario. Es tabién una arquitectura cosmogónica que produce un modelo del universo, Mozuna ha querido adaptarse al espíritu del lugar en sus proyectos arquitectónicos (lo que en Occidente se conoce con el nombre de *"genius loci"*), y para realizar su arquitectura cósmica se vale de los mitos, del conocimiento esotérico y principalmente del simbolismo.

El simbolismo

El simbolismo es parte integral de la arquitectura de Mozuna, simbolismo que fue olvidado en Occidente por el afán racional del funcionalismo que dejó de lado la forma con toda la emoción y significado de la que puede ser capaz. El significado es producto de la conciencia que se tiene acerca de un problema. Si esta conciencia es simplemente perceptual la edificación no pasa de ser un objeto espacial. A medida que la conciencia evoluciona hacia fases más complejas, el significado de una edificación pasa a ser más reflexivo e inmediato, a mayor número de aspectos internos de una cultura. Como ejemplo tenemos las siguientes: La columna es el origen de todas las cosas, conserva el significado simbólico aun cuando haya perdido su importancia estructural, simboliza la unión del hombre con el cielo y la tierra. El círculo, el triángulo y el cuadrado simbolizan al cielo, al hombre y a la tierra respectivamente, el puente es el símbolo de unión entre dos mundos: el interno y el externo, lo lleno y lo vacío o el cielo y la tierra, el mundo secular o terrenal y la otra orilla lo sagrado y lo celestial.

Reflexión

En acuerdo con Lao Tze se debe tratar el espacio vacío como un factor positivo; no como algo que existe, y que queda por llenar y sobra, sino como el seno materno de las formas, manejar el espacio como una experiencia y no meramente como una forma geométrica. Lo más importante de una obra arquitectónica está en lo intangible como son las vivencias y los fenómenos que se dan en el espacio tiempo y no tanto en lo tangible como son muros y techos. Considerar los cinco sentidos a la hora de diseñar, ya que como dice Luis Barragán estamos influenciados por todo lo que vemos y nos rodea. Diseñar espacios arquitectónicos que evoquen estados de ánimo donde el hombre no solo sienta que su casa es una guarida sino también su pequeño universo, su espacio sagrado. Se debe rescatar este concepto de la elegante sencillez y el amor a la naturaleza para que queden las edificaciones integradas a la naturaleza de manera armoniosa, así cumpliendo con esa dualidad de edificación y naturaleza.

Notas

1   Racionero Luis, "Textos de Estética Taoista", Madrid: Alianza, 1983, p. 46.
2   Lao Tee, "Tao te King", México: La nave de los locos, 1992, p. 43.
3   Ruiz de la puerta, et al, "Kikoo Mozuna; la arquitectura como símbolo", España: Nerea, 1991, p. 12.
4   Ídem.
5   Racionero, op. cit., p. 46.
6   Ruiz de la Puerta, op. cit., p. 20.

Miguel Ángel Orozco Medina

Bibliografía
Lao Tee, "Tao te King", México: La nave de los locos, 1992.
Racionero Luis, "Textos de Estética Taoista", Madrid: Alianza, 1983.
Ruiz de la puerta, et al, "Kikoo Mozuna; la arquitectura como símbolo", España: Nerea, 1991.

150

Que los arquitectos sean poetas

GABRIELA SÁNCHEZ SERRANO

" Y algún día, todos los hombres serán poetas..."
Carlos Marx.

No es que el señor X [1] estuviera lleno de mitos [2] y que se negara a dejar el departamento que había rentado por quince años, es sólo que se había hecho enteramente a él, y cambiarlo por otro o por una casa le representaba gastos, tiempo, insatisfacciones, pero sobre todo, inseguridad, miedo, soledad. Después de tantos años de convivir con los mismos espacios, el señor X estaba lleno de rituales [3] que ya eran parte de su vida, como regar las plantas de la terraza antes de desayunar, desayunar con la misma taza de café en la misma silla y con el periódico del día. Él no reflexionaba acerca de estas costumbres, sólo sabía que eran algo que le daba un cierto sentido de identidad; él pertenecía a ese espacio y ese espacio le pertenecía a él. "Somos lo que hacemos", recordaba, y ese departamento lo había ido haciendo él poco a poco, sensibilizándose con cada rincón, dedicando sus pocos ratos libres a adecuarlo hasta convertirlo en su hogar.

Al señor X lo visitaba su ayudante doméstica dos veces por semana, una mujer oaxaqueña llena de creencias míticas y ritos que consideraba indispensables realizar antes de comenzar con sus faenas, él era un científico, pero a pesar de su racional mente, sabía que los hombres y mujeres que ejecutan ritos mágicos son tan valiosos como los científicos que hacen experimentos en sus laboratorios; al final, ambos pensamientos expresan el mismo deseo de avenirse con la realidad, de vivir en un universo ordenado y superar el estado caótico. A veces le gustaba más el mundo de esa mujer que el suyo mismo; prefería -sin decirlo-, pertenecer a ese universo de ilusiones, alucinaciones y ensueños en el que todo se explicaba por medio de las creencias ancestrales y que resultaba -al parecer- ampliamente satisfactorio. El señor X admiraba en secreto a esta mujer grande, robusta, silenciosa, activa y llena de creencias. A pesar de no ser arquitecto, el señor X tenía una gran sensibilidad espacial y artística, además, era lector asiduo de textos referentes a arquitectura y gran conocedor de arquitectos de todos los tiempos. Leía en periódicos y revistas las últimas tendencias arquitectónicas. Le impresionaban por igual las arriesgadas construcciones de Jean Nouvel o los estilizados métodos constructivos de Calatrava, como los dramáticos cristales fosterianos o la ligereza cuasi virtual de Toyo Ito. Sentía gusto y admiración por los impresionantes dibujos de Zaha Hadid y había quedado totalmente pasmado cuando conoció la biblioteca de Eberswalde (Alemania), obra de los suizos Herzog y De Meuron. Sin embargo, y no sin algún recelo, sentía él -inexplicablemente, como decía a sus amigos- una cierta predilección por otro tipo de arquitectura. Me gusta, es deslumbrante, pero no sé si podría vivir en una casa así, pensaba acerca de toda esa vanguardia tan llena de cristal, luz y tecnología.

El señor X había estudiado profundamente a Luis Barragán, Prizker mexicano que hacía años había quedado olvidado y desafortunadamente sólo imitado, mil veces plagiado por todo tipo de gente. Para él, este arquitecto era como un héroe [4]. Sin ningún protagonismo había logrado entender el espacio de la manera más sutil y misteriosa que se hubiera conocido jamás. Se sentía identificado con ese hombre solitario porque buscaba resolver los enigmas del universo para comprenderse a sí mismo, su destino y sus deberes. Como científico, el señor X sabía que la filosofía empieza con la duda, que es desde ese punto de vista, un elemento constructivo ya que será el impulsor de nuestras preguntas, el motor para encontrar posibles respuestas. Un héroe es aquél cuya principal característica es la fuerza moral, el señor X había conocido a Barragán por su obra, y leyendo algo de su vida se percataba que había sabido perfectamente penetrar en las almas de los hombres, que había sido infatigablemente sincero y no buscaba una vanagloria ni un renombre, que su claridad de pensamiento, energía en la acción, fuerza de voluntad y capacidad de compromiso se habían constantemente reflejado en cada una de sus obras, pero sobre todo su pasión por la vida; un hombre que vivió en las cosas y no en la exhibición de ellas; genial, visionario, imaginativo, creativo y congruente, capaz de reconocer y sentirse hacia el otro. El señor X entendió que si encontraba una casa hecha por alguien tan sensible, no necesitaría más, sobre todo en estos tiempos de monólogos inacabables en los que todos quieren hablar sin escuchar al otro. Resignado a abandonar el lugar que lo había alojado por más de quince años y empujado por el dueño del edificio, el señor X comenzó la búsqueda del nuevo espacio. No le importaba en realidad si fuera casa, departamento o loft. Lo único que pedía era algo que no le resultara ajeno.

Como consecuencia de sus lecturas acerca del sitio propuesto por Barragán en El Pedregal, el señor X se aventuró por comenzar buscando algo en esa área urbana perfectamente organizada. Su sorpresa fue indescriptible cuando llegó a la zona y descubrió que no tenía nada que ver con aquellos postulados de los que el arquitecto había hablado y estructurado. Lejos de lo que había visualizado al leer, la colonia se había convertido en una serie de calles unidas sin ninguna coherencia, rodeadas de inmensas casonas de anacrónico gusto, con miles de conjuntos de casas repetitivas hasta el cansancio, como esquemas y lineamientos que parecían quererlas perder en una masa uniforme, cual casas Geo pero para ricos. Por si fuera poco, los precios de esas residencias eran exorbitantes. Esa área era muy parecida a la de Santa Fe, de la que tanto había escuchado miles de alabanzas y que hasta antes de visitar El Pedregal, se reservó el derecho a no conocer.

¿Cuáles han sido los criterios para calificar la arquitectura?, ¿quién ha decidido qué es lo que está bien y qué lo que está mal? El señor X se sentía totalmente fuera de época al continuar buscando algo que aparentemente ya no debía gustarle. Sin embargo, siguiendo el razonamiento de Worringer, [5] recordaba que, abrir los criterios artísticos a horizontes más amplios e incluyentes no sólo nos permite considerar artes de otras regiones y dentro de otros tiempos sino que resulta también un aspecto positivo y de retroalimentación para las mismas artes. Entonces, si tenía que gustarle la arquitectura de la globalización, entendía que él estaba pasado de moda según los criterios de los arquitectos protagonistas actuales que construyen por igual en todos los países, sin respetar clima, condicionantes económicas ni sociales, costumbres, ritos, etc. Comprendió ahora a sus amigos cuando decían que Santa Fe lo tiene todo, grandes avenidas, malls, servicios especializados, todo como en los países ricos, sí, tiene todo lo de un país desarrollado -incluyendo las vecindades paupérrimas anexas-, pero no tiene nada de lo que él buscaba. Al aceptar un

|Gabriela Sánchez Serrano

arte impuesto, al buscar una arquitectura establecida por cánones de moda, se estaba cayendo en lo que Worringer criticaba; el arte se dictamina por unos cuantos que afirman tener la verdad y el conocimiento absolutos, el gusto excelente y refinado que no tienen las culturas salvajes, los primitivos, etc; y ese arte es el que debe imponerse, a partir del cual se seguirán los criterios y los juicios, el arte -la arquitectura- regidor.

El tiempo apremiaba y el señor X no encontraba otro sitio similar al que tenía que dejar. No se explicaba por qué tenía que vivir en un espacio repetido si la arquitectura, como había leído en Hartmann, [6] debía tener una estrecha relación con la existencia de las personas, sus tradiciones, sus formas de vida y estilos. Él necesitaba ese espíritu o solución de la composición que es precisamente lo que dictamina el gusto y la expresión de la voluntad vital, el modus vivendi. Algo que lo liberara, que le implicara ideas y nostalgias nacidas de una tradición. Pero todo esto parecía muy difícil de encontrar, sobre todo de explicar a los corredores de casas que simplemente no podían compartir su necesidad porque no la comprendían. El señor X no podía comunicarles que los valores estéticos no sólo están en lo bello artístico sino en la naturaleza, pero sobre todo, en el ser humano. Él quería que su casa fuera como una obra de arte en el sentido de que ésta operara sobre él y el que la contemplara. Esa casa debía pertenecer a todo aquél que fuera capaz de llevarla a su encuentro desinteresadamente. Quien contempla una obra de arte puede penetrar en ella y apropiársela. El valor estético consiste entonces en la compenetración de la obra con quien la contempla. Pero tal vez era pedir demasiado y mejor sería olvidar a Hartmann para quien la belleza consiste en dar una forma tal a la obra de arte que el contenido espiritual aparezca nítido ante los sentidos del contemplador. La arquitectura es arte, tenemos el derecho a la vida estética; el arte pertenece a quien lo necesita.

Aparentemente, el señor X no encontraría lo que buscaba, sin embargo no cesó su búsqueda. Visitó miles de casas diferentes, con un criterio amplio y con ganas de encontrar algo que lo satisficiera. Conforme pasaba el tiempo, más se convencía de lo difícil que le sería adaptarse a lo que le proponía la gente. Leía en anuncios: hermosa casa, a cinco minutos del periférico; y cuando la visitaba, no era ni hermosa ni estaba a cinco minutos del periférico sino a cinco minutos del periférico a partir de que lograra salir de esa congestionada colonia (aproximadamente unos veinte minutos). Comprendió que había habido cambios de todo tipo, las distancias, por ejemplo, ya no se medían en metros o kilómetros sino en tiempo: ¿cuánto tiempo hago de la casa al trabajo?, ¿a cuánto tiempo estoy de Insurgentes? A su vez, las medidas de los jardines y patios -cuando subsistían-, también habían cambiado; ahora ya no se medían en metros cuadrados, lineales o demás, sino en mesas: ¿cuántas mesas le caben a este patio para la fiesta?, ¿cuántas mesas entran en este jardín para la pachanga? La mayoría de las terrazas de los departamentos que visitaba así como los patios de las casas, habían sido techados con estructuras de aluminio y acrílico para "ganar espacio", esto le resultaba inexplicable y antiestético. Los jardines se convertían en garages porque no era nunca suficiente el espacio para tres coches, la gente siempre quería más. Las casas estaban todas modificadas y "remodeladas" con gustos muy diferentes al suyo. Se sintió tan anacrónico como las poéticas que había leído en donde se describían armoniosamente espacios, detalles, rincones, universos.

Para el señor X, la casa tenía tanta importancia como lo leía en Bachelard. Alberga ensueños, protege al soñador, nos permite soñar en paz. Sin ella el hombre sería un ser disperso. Es el primer mundo del ser humano, es pequeña y grande, cálida y fresca, siempre consoladora [7]. Quizá lo que más le convenía era buscar un terreno -por pequeño que fuera- y pedir a un arquitecto que construyera una casa conforme a sus necesidades, pero eso era muy caro y tomaría mucho tiempo. En su desesperación pensó en huir, irse a otra ciudad, emprender la retirada en busca de otros vientos, de lugares donde hubiera casas y gente como la que él anhelaba, pero rápidamente venía a su mente el ruido inseparable de la gran ciudad, el movimiento, la vitalidad y la misma gente corriendo sin rumbo, que ya le resultaba tan familiar que se había vuelto necesaria, y entonces pensaba, seré un habitante del mundo a pesar del mundo [8]. No quería sentirse diferente al resto, pero tampoco estaba dispuesto a vivir como los demás. Un día un amigo lo llamó, creo que encontré algo muy parecido a lo que buscas. Fueron a verlo y, efectivamente, el señor X quedó lo suficiente complacido con esa casa. No era grande, tenía las dimensiones

|Gabriela Sánchez Serrano

exactas, y aunque había que hacerle varios arreglos, se apropiaría de ella perfeccionando su belleza, sólo era cosa de escuchar a los poetas. Hay que vivir para edificar la casa y no edificar la casa para vivir en ella [9]. De esta manera, el señor X se mudó a lo que sería -ya era- su nuevo hogar y se dedicó a convertirlo para amarlo y vivirlo tan minuciosamente como los poetas. Siguiendo a Heidegger [10], se dio cuenta que, si se sensibilizaba, podría modificar cualquier espacio sin importar las circunstancias externas. Solo poéticamente es como el hombre habita la tierra. Una obra de arte no es sólo un cuadro en un museo, va mucho más allá de su representación. La arquitectura es un arte y por lo tanto sus obras deberían ser obras de arte. Como tales, no son completas por sí mismas, aisladamente, sino dentro de un conjunto de relaciones que la trascienden y la integran al mundo, un mundo como conciencia que da cuenta al hombre de su existencia y de su posición en medio de los otros seres existentes.

Nada más exacto para expresar esto que la misma materialidad de las obras de arquitectura. Y -aunque pueda parecer exagerado-, la casa donde el señor X quería habitar, debía ser una obra de arte. Pero el señor X no era un artista sino un científico y no sabía nada de construcción ni reglamentación. Lo único que sabía era que tenía una necesidad como una voluntad de espíritu que se elevaba y que sería resuelta, puesta en la tierra con la pesantez de la arquitectura. Lo que buscaba era poder contemplar su casa fusionándose con ella como en una unión mística y lograr que los demás dialogaran con ella. Si la arquitectura -como la poesía-, era capaz de cambiar al mundo, entonces ésta era un método de liberación interior. Basándonos en las lecturas de Octavio Paz [11], los arquitectos podrían confundir la palabra arquitectura con poesía y seguramente sus obras serían mejor resueltas, ya que no toda obra construida es arquitectura, así como no toda la arquitectura está construida. Los hombres no deberían habitar en casas que parezcan máquinas. La gente podría sentirse a gusto con las obras que crean los arquitectos, pero no siempre es así, ¿qué es lo que pasa?, ¿en qué momento se deja de hacer poesía para simplemente construir? Cuando el vendedor mostraba la casa al señor X, llenándolo de palabras que lo trataban de convencer a toda costa de comprarla, diciendo aún absurdos, cosas que le resultaban sin juicio, pero que a su vez él visualizaba de otra forma, el señor X sólo guardaba silencio, tolerando la ambigüedad, la contradicción y el embrollo, pero no la carencia de sentido. Un silencio poblado de signos, y entendía que todo es lenguaje, que no hay obra de arquitectura sin lector, y que dichas obras se deberían poder leer por cualquier persona. Y por eso la arquitectura podría ser algo que trascendiera al lenguaje, por medio de la cual el arquitecto fuera conocido [12].

Cada lector busca algo en el poema. Y no es insólito que lo encuentre: ya lo llevaba dentro [13]. Esto aplica igual para la arquitectura. Por eso cuando se está en un espacio arquitectónico que nos hace sentir especiales, sabemos que hay algo de ese espacio que nos pertenece, que nos llega a fondo. En el flujo y reflujo de nuestras pasiones y quehaceres, hay un momento en que todo pacta. La arquitectura puede ser -y acaso deba serlo- una posibilidad abierta a todos los hombres, cualquiera que sea su temperamento, ánimo o disposición. La arquitectura es como las palabras, un testimonio de nuestra realidad. Los hombres hablan con las manos y con el rostro, los arquitectos hablan con sus obras. La fuerza creadora de la palabra reside en el que la pronuncia, de igual manera, la fuerza de la obra reside en el arquitecto que la proyecta. Si la arquitectura se hace legible a todos, estamos entonces ante un arte de madurez. Las palabras del arquitecto serán también las de su comunidad ya que toda palabra implica a dos personas: el que habla y el que escucha. El señor X encontró finalmente un lugar que con el tiempo, hizo suyo, ese lugar pudo haber llegado antes, o pudo haber sido hecho por un arquitecto si éste hubiera sabido hablar, darse a entender y escuchar. Me pregunto qué dirían las cosas si hablaran, qué diría la arquitectura si pudiera dialogar con el arquitecto. Hacer arquitectura implica una búsqueda interior resultado de un deseo, de hambre, de un impulso amoroso, es el puente entre las necesidades de la comunidad y la necesidad de crear del arquitecto mediada por la obra de arte. Antes que el compromiso de la arquitectura como una imposición, ésta debe ser un acto de amor por parte del arquitecto, y esto será así, cuando él se vea a sí mismo como un poeta.

Gabriela Sánchez Serrano

Notas

1. El señor X (equis), es eso, sólo un señor equis, sin nombre ni especialidad. Alguien que puede ser cualquiera de nosotros, nadie fuera de este mundo, no un héroe, no un mito, no un ejemplo a seguir. Sólo un señor más.
2. Cassirer, Ernst, "El Mito del Estado" Colombia: FCE, 1996, pp. 7-63.
3. Ídem.
4. Cassirer, op. cit., pp. 222-264.
5. Worringer, W, "Estética y Teoría del Arte. La esencia del Gótico", México: FCE.
6. Hartmann, Nicolai, "Estética", México: UNAM, 1977, pp. 147-155, 249-258.
7. Bachelard, Gaston, "La poética del espacio", México: FCE, 2002, pp. 36-40.
8. Bachelard, op. cit., p. 78.
9. Bachelard, op. cit., p. 141.
10. Heidegger, Martín, "Arte y Poesía", México: FCE, 2002, pp. 148.
11. Paz, Octavio, "El arco y la lira", México: FCE, 1994, pp. 30-290.
12. "Por sus obras los conoceréis".
13. Paz, op. cit., p. 50.

Bibliografía

Bachelard, Gaston, "La poética del espacio", México: FCE, 2002.
Cassirer, Ernst, "El Mito del Estado" Colombia: FCE, 1996.
Hartmann, Nicolai, "Estética", México: UNAM, 1977.
Heidegger, Martín, "Arte y Poesía", México: FCE, 2002.
Paz, Octavio, "El arco y la lira", México: FCE, 1994.
Worringer, W, "Estética y Teoría del Arte. La esencia del Gótico", México: FCE.

Sobre los autores

Jesús Aguirre Cárdenas
Nació en la ciudad de México, D.F., es Ingeniero Civil, Arquitecto, Maestro en Pedagogía y Doctor en Arquitectura; fue director de la Facultad de Arquitectura de la Universidad Nacional Autónoma de México, UNAM en dos períodos, pertenece a la Academia Mexicana de Arquitectura, a la Academia Mexicana de Ingeniería y a la Academia Nacional de Arquitectura. Fue miembro de la Junta de Gobierno de la UNAM, Doctor Honoris Causa por la Universidad de Mendoza en Argentina y es Profesor Emérito de la Facultad de Arquitectura de la UNAM.

Carlos Alberto Artusa
Arquitecto recibido en la UBA, desarrolló inquietudes artísticas, incursionando en la pintura, escritura y fotografía. Es Coordinador de Control y Gestión del Grupo O.D.S. IECSA, donde realiza el Control de Gestión de Proyectos, Obras y Desarrollos Inmobiliarios de modo integral. Su labor profesional se destaca en el sector constructivo y en el sector de petróleo y energía. Entre sus obras se encuentran Art María - Madero Urbana - C.A.B.A. (Emprendimiento Inmobiliario) Multi-espacio con Residencias, oficinas, locales comerciales y cocheras, la Basílica Nuestra Señora de Lujan - Bs As. (Restauración integral y puesta en valor) que comprende la Restauración integral del interior del templo, Vitrales, Casa Parroquial, Claustro y Cripta.

Patricia Barroso Arias
Arquitecta titulada por la Facultad de Arquitectura de la Universidad Nacional Autónoma de México, Maestra en Arquitectura (Mención Honorífica) y doctorando en la misma institución. Impartió cátedra a nivel Licenciatura en la Universidad Tecnológica de México, en la Universidad Latinoamericana y participó como profesor invitado en ISTHMUS Escuela de Arquitectura y Diseño de América Latina y el Caribe en la Ciudad del Saber en Panamá. A nivel posgrado, impartió diversos seminarios en las Maestrías de Arquitectura y Diseño de Interiores en la Universidad Motolinía del Pedregal. Fue Coordinadora General de la revista Arquitectura y Humanidades, CIEP F/A UNAM, tuvo a su cargo la Secretaría Académica de la

Escuela de Arquitectura de la Universidad Latinoamericana, fue Coordinadora del nodo México-Argentina de la Red Hipótesis de Paisaje y fue Investigadora en el Área de Investigaciones y Posgrado (APIM) Universidad Motolinía del Pedregal. En el ámbito Internacional ha participado como ponente en diversos foros académicos y desde el 2001 a la fecha, ha publicado diversos ensayos en revistas académicas, especializadas, científicas y de divulgación cultural en países como México, Argentina, Chile, Costa Rica, Perú, Guatemala y España; colaborando también en arbitrajes para la Revista Mexicana del Caribe editada por el Instituto Mora y para Ciencia Ergo Sum editada por la Universidad Autónoma del Estado de México. Ha participado en la elaboración de los libros "La arquitectura en la poesía" y "El espacio en la narración: Arquitectura en la cuentística hispanoamericana contemporánea, una selección", editados por la F/A UNAM, contribuyó con algunos capítulos para el "Cuaderno latinoamericano de arquitectura No. 2", para los libros "Hipótesis de paisaje" de i+p editorial en Argentina y para el libro "De otros asuntos e historias de la arquitectura: interpretaciones poco conocidas o no divulgadas" de la FA/CIEP de la UNAM. Es autora de los libros "Ideas de arquitectura desde la literatura I", "Teoría e investigación proyectual en la producción arquitectónica" y "La expresión arquitectónica, su forma, su modo y su orden", editados por Architecthum Plus, México-USA. Actualmente participa como Tutora para estancias de investigación y como Co tutora en el Programa de Maestría en Arquitectura de la Universidad Veracruzana, es Profesor de Asignatura Nivel "B" Definitivo en la F/A de la UNAM, donde imparte las asignaturas de Teoría de la arquitectura y de Proyecto, es Coordinadora de Contenido Editorial para la Colección "Arquitectura y Humanidades" en la Editorial Architecthum Plus y participa en el Atlas de Autores de textos teóricos de i+p editorial en Argentina, asimismo realiza varias investigaciones como autora independiente. En el campo profesional ha trabajado en empresas particulares realizando diversos proyectos de vivienda, accesibilidad urbana, diseño de mobiliario y remodelaciones de casa habitación.

David Calderón Martín del Campo
Cofundador y Director General de Mexicanos Primero, una iniciativa

ciudadana de incidencia en política pública y corresponsabilidad social en educación. Fue instructor comunitario en zonas indígenas de Oaxaca e Hidalgo, y profesor de secundaria y preparatoria en la Ciudad de México. Estudió Filosofía en la Universidad Nacional Autónoma de México (UNAM) y Ciencias Sociales en Florencia. Fue becario del Posgrado de Excelencia del CONACYT y recibió la medalla Alfonso Caso de la UNAM al mérito académico. Su trabajo de docencia e investigación se ha concentrado en los campos de la ética aplicada, el cambio cultural, la política pública y participación ciudadana, como catedrático de la UNAM, la Universidad Iberoamericana, el Tecnológico de Monterrey, el Instituto Interamericano de Seguridad Social y la Universidad de Chicago. Fungió como Coordinador de Humanidades y Director de la Facultad de Bioética de la Universidad Anáhuac. Fue miembro de la Comisión Nacional de Bioética, diseñó el Programa de Transparencia y Rendición de Cuentas de la PGR, y presidió el Diagnóstico Nacional de la Familia realizado por el DIF, el INEGI y la UNAM. Ha sido por dos veces el expositor principal de las Conferencias Panamericanas del Niño. Su última publicación, Metas, es un reporte independiente sobre el estado de la educación en México, con acento en la distancia entre los resultados de nuestro país y los de otras naciones, así como la necesidad de plantear metas exigentes y lograr los consensos sociales necesarios para alcanzarlas. Escribe colaboraciones para revistas como Educación 2001, AZ, Este País y Nexos y para los diarios de circulación nacional Reforma y El Financiero. Es miembro del Comité Técnico de la prueba ENLACE, consejero del Instituto de Evaluación Educativa de Nuevo León, consejero editorial del portal Educación a Debate y experto del grupo internacional de trabajo convocado por UNESCO para desarrollar el Índice Holístico de Desarrollo Infantil.

Efigenia Cubero Barroso
Nacida en Granja de Torrehermosa, Badajoz, ha realizado estudios de Historia del Arte y de Lengua y Literatura en Barcelona, ciudad en la que reside desde la niñez. Es desde hace años corresponsal de *Revistart* (Revista de las Artes) y autora de los libros de poesía, "Fragmentos de exilio", "Altano", "Borrando Márgenes" (prólogo de Manuel Simón Viola); La mirada en el limo; "Estados sucesivos"

(Architecthum Plus, México, 2008), con prólogo de Federico Martínez; "Condición del extraño" (La Isla de Siltolá, 2013) con estudio preliminar de Jesús Moreno Sanz; "Punto de apoyo" (Luna de Poniente, 2014) y también, junto al pintor Paco Mora Peral, del "Libro de Artista Ultramar", y "Desajustes", en el número 2 de la Colección de Poesía 3X3 dirigida por Antonio Gómez y en libros como: José María Valverde Imatges i Paraulas (Universidad de Barcelona); "La narración corta en Extremadura. Siglos XIX y XX". Badajoz, Departamento de Publicaciones, col. "Narrativa" (tres tomos). "Meditations", libro publicado en inglés, editado en Birmingham. "Ficciones. La narración corta en Extremadura a finales de siglo" (prólogo e introducciones de Manuel Simón Viola). "Paisatges Extranyats" ("Paisajes extrañados") Edición del Departamento de Publicaciones de la Universidad de Barcelona), "Escarcha y fuego: La vigencia de Miguel Hernández en Extremadura"; "Peut ce vent", serie de poemas para la exposición multidisciplinar "Lo nunca visto" (traducidos al francés por Alain R. Vadillo) entre otros. Y en revistas, por citar sólo algunas, como *Mitologías, Alga, Siltolá, Norbania, Letralia, Arquitectura y Humanidades*, etc.

Ha participado como ponente en Congresos Nacionales e Internacionales y publicado numerosos ensayos en diversas publicaciones de España y América. Parte de su obra ha sido traducida al francés, inglés y portugués.

Edgar Franco Flores
Maestro en Arquitectura por la UNAM, escritor e investigador especializado en creatividad, catedrático en la Licenciatura en Arquitectura de la Universidad Autónoma del Estado de Hidalgo, Instituto de Ciencias Básicas e Ingeniería, es autor de los libros: "Ópera Prima Viento", "Letras & Delirio" y "12 campanadas hacen un reloj", creador del sello de diseño arquitectónico Architectiak y fundador de Architectiak.com.

Sofía Constanza Fregoso Lomas
Doctora en Arquitectura por la UNAM (Mención Honorífica), catedrática de la Universidad Anáhuac del Mayab, ganadora del 2do lugar del concurso Nacional Wise with Water con la

propuesta del Sistema integral para el manejo-aprovechamiento del agua de lluvia y mejoramiento del agua servida, en desarrollos habitacionales de la Ciudad de Mérida.

María Elena Hernández Álvarez
Nació en la Ciudad de México. Doctora en Arquitectura, (Mención Honorífica) UNAM; Maestría en Humanidades, Licenciatura en Arquitectura y Master (MDI) U. Anáhuac. Inicia labor docente en 1972; ha impartido diversas cátedras en la ESIA del Instituto Politécnico Nacional, la Universidad Anáhuac, la Universidad Iberoamericana, la UNAM y el Instituto Superior de Ciencia y Tecnología, A.C. Fue Directora de la Escuela de Arquitectura del ISCYTAC (Gómez Palacio, Durango. México). Autora del *libro Arquitectura en la Poesía* (UNAM); coautora con la Dra. Margarita León Vega del libro *El espacio en la Narración* (UNAM); autora del libro *Supuestos morfogenéticos de la Arquitectura. El caso de la Catedral Gótica*. Ha publicado artículos en Universidades y en revistas especializadas. Ponente y organizadora en diversos foros nacionales e internacionales. Ha dirigido numerosas tesis de licenciatura, maestría y doctorado. Fundadora y Directora de la publicación en Internet www.architecthum.edu.mx. Fundadora y Directora de Architecthum-Plus, S.C., editores. En ejercicio libre de la profesión ha desarrollado y edificado diversos proyectos arquitectónicos. Titular del Seminario de Área y Taller de Investigación "Arquitectura y Humanidades" en el Programa de Maestría y Doctorado en Arquitectura de la Universidad Nacional Autónoma de México. Medalla "Alfonso Caso", UNAM por tesis doctoral. Miembro del Jurado del Premio Universidad Nacional y Distinción Nacional para Jóvenes Académicos. Reconocimiento de la Dirección General de Estudios de Posgrado UNAM a tesis doctoral en la Colección 2002. Miembro de Número de la Academia Nacional de Arquitectura. Consejera Técnica (2006-2012) representante de los profesores de Posgrado, Facultad de Arquitectura, UNAM.

Carlos Marcelo Herrera
Nace en San Juan, Argentina en 1967. Arquitecto graduado en la Universidad Nacional de San Juan en 1994. Docente en cursos e

investigador del área de Arquitectura Ambiental de la misma casa de estudios. Maestro en Arquitectura, posgrado en la Facultad de Arquitectura de la UNAM.

Federico Martínez Reyes
Maestro en Arquitectura por la Universidad Nacional Autónoma de México y Licenciado en Arquitectura por la Facultad de Arquitectura de la UNAM. Se desempeña como docente en la UNITEC desde 2006 y como docente de la UNAM desde el año 2000. Como investigador ha publicado en la página electrónica *architecthum.edu.mx* y en la revista argentina especializada en diseño y arquitectura *VonHaus*. Ha colaborado en varios libros enfocados a la relación entre humanidades y arquitectura, como: "La arquitectura en la Poesía" y "El espacio en la narración: Arquitectura en la cuentística hispanoamericana contemporánea" (una selección), ambos publicados por la Facultad de Arquitectura de la UNAM. Ha publicado también en revistas literarias como *(paréntesis)* y la revista *Cauces*. Como autor independiente tiene publicado un libro de minificción y prosa poética bajo el título "Entre muros y palabras". En agosto de 2013 fue invitado al Coloquio de Minificción que se llevó a cabo en la Facultad de Filosofía y Letras de la UNAM y participó en los *webinars* de la Semana de las Artes 2013, promovida como parte del programa de Desarrollo Docente de Laureate International Universities, con la conferencia titulada "Algunas reflexiones sobre el imaginario de la arquitectura como arte en el diseño arquitectónico y en su enseñanza". Desde el año 2004 se ha dedicado al estudio de la relación entre arquitectura, literatura y poética, y sus incidencias en la enseñanza del diseño.

Miguel Ángel Orozco Medina
Nace en la Ciudad de México, obtiene el título de Ingeniero Arquitecto con la tesis: alternativas de solución al problema de la vivienda en Xicotepec de Juárez Puebla en la ESIA del IPN. Realizó estudios sobre la "Actualización del Problema de la Vivienda con énfasis en Autoconstrucción" e hizo sus estudios de posgrado en la Facultad de Arquitectura de la UNAM, desarrollando el tema de investigación: La Influencia del Pensamiento Taoísta en el Diseño Arquitectónico.

Gabriela Sánchez Serrano
Arquitecta egresada de la UNAM donde también realizó la Maestría en Diseño Arquitectónico. Se ha dedicado a la práctica profesional desde 1995 y a la docencia en el área de diseño y arquitectura desde el 2000. Ha impartido cátedra en diversas universidades del país, como la Universidad Anáhuac del Sur y la Facultad de Arquitectura de la UNAM.

Otros títulos de la Colección **Arquitectura y Humanidades**:

Volumen 1:
Perspectivas de la arquitectura desde las humanidades I

Volumen 2:
Poética arquitectónica I

Volumen 3:
Espacios Imaginarios I

Volumen 4:
Arquitectura y lo sagrado I

Volumen 5:
Historiografías e interpretaciones de los hechos arquitectónicos I

Volumen 6:
Arquitectura, lugar y ciudad I

Volumen 7:
Paisajes arquitectónicos I

Volumen 8:
Existiendo, habitando lo arquitectónico I

Volumen 9:
Un encuentro de la arquitectura con las artes I

Volumen 10:
Enfoques de la arquitectura desde la filosofía I

Volumen 11:
El espacio privado e íntimo I

Volumen 12:
Reflexiones en torno a un método del diseño arquitectónico I

Volumen 13:
Reflexiones en torno a la crítica del diseño arquitectónico I

Volumen 14:
Reseñas I

Volumen 15:
Luis Barragán

Volumen 16:
La casa

Volumen 17:
Percepción poética del habitar I

www.ingramcontent.com/pod-product-compliance
Lightning Source LLC
Chambersburg PA
CBHW020900090426
42736CB00008B/446